USE YOUR
ITALIAN

*A booklet for use with
the broadcasts*

ITALIAN TEXT BY
PIETRO GIORGETTI

EDITED BY
ELSIE FERGUSON

BRITISH BROADCASTING CORPORATION

USE YOUR ITALIAN

To be broadcast in
Network Three
from 3 January to 16 May, 1963
on Thursdays
7.00–7.20 p.m.

This series of programmes is intended for listeners with a good grounding in the language who want to apply their knowledge and extend their comprehension of colloquial conversational Italian.

The broadcasts will be presented in Italian and English, and there will be some explanation of idiomatic expressions and grammatical difficulties.

Much of the information necessary for understanding the programmes is to be found in this booklet, including texts of the conversations. But the vocabulary is limited to the more difficult words and at least a small dictionary is essential for those following the course.

Italian conversations written by Dr Pietro Giorgetti (Lecturer in Italian at Birkbeck College, London University).

CONTENTS

USE YOUR ITALIAN

New times to replace those on introductory page:

for 3 January to 16 May, 1963
on Thursdays 7.00 – 7.20 p.m.

read 3 October to 19 December, 1963
on Thursdays 7.00 – 7.20 p.m.
2 January to 20 February, 1964
on Thursdays 6.40 – 7.00 p.m.

ERRATA

page 22 line 32 for *Allora perchè* read *Allora perché*
page 30 line 17 for for *irremovible* read *irremovibile*
page 36 line 11 for *Di fatti* . . . read *Difatti* . . .
page 76 line 43 for *Gaultiero* read *Gualtiero*
page 77 line 19 for *sona* . . . read *sono* . . .
page 86 line 24 for for *pocò* read *poco*
page 86 line 26 for *Lo* . . . read *La* . . .
page 94 (notes omitted) Add:

14. *Vive e lascia vivere* – He lives and lets live.
15. *L'orologio per la bollatura delle cartoline* – Time clock.
16. *Dopo le prime lavate di testa* – After the first brushes with authority.
17. *Bisogna attaccare l'asino dove vuole il padrone* – A proverb meaning that one must do as one's employer wishes.
18. *Come mai tanto ancora?* – Why so much longer?

page 98 line 18 for *Murano* . . . read *Burano* . . .

ADDITIONS TO VOCABULARY

ARRIVO ALLA STAZIONE

PERSONAGGI

Enrico, zio di Giorgio
Clara, sorella di Enrico
Giorgio, figlio di Clara
Un facchino e un cameriere

Giorgio Oh, zio Enrico! Che piacere rivederti dopo tanto tempo. Hai fatto buon viaggio?

Enrico Ottimo, Giorgio, grazie. E tu, è molto che mi aspetti?

Giorgio Appena dieci minuti. Prima di uscire ho telefonato alla stazione, e mi hanno detto che il rapido Calais-Roma viaggiava con circa tre quarti d'ora di ritardo: a causa della nebbia, suppongo.

Enrico No, a causa della dogana. Abbiamo sempre viaggiato in perfetto orario fino alla stazione di frontiera, ma qui . . .

Giorgio Cos'è successo?

Enrico Io me ne stavo affacciato al finestrino in attesa che il treno partisse, quando ho visto salire sul mio vagone alcuni operai con cacciaviti, mazzuole e scalpelli.

Giorgio Di che cosa si trattava?

Enrico Un ufficiale di dogana aveva scoperto dei contrabbandieri che tentavano di introdurre in Italia orologi svizzeri. E sai dove li avevano nascosti? negli schienali dei sedili.

Giorgio Non hanno avuto molta fantasia: questo sistema è ormai fin troppo sfruttato. Ad ogni modo, come se la sono cavata?

Enrico Non lo so, ma quando uno viene colto in flagrante . . . Immagino che siano stati arrestati subito.

Giorgio Sai per caso come li abbiano scoperti?

Enrico No, ma non è difficile immaginarlo quando si pensa che i doganieri sono venuti a colpo sicuro. C'è stato certamente qualcuno che ha fatto la spia.

Giorgio Su questo non c'è alcun dubbio, direi.

Enrico Nel mio scompartimento si parlava addirittura di un'altra banda di contrabbandieri rivali, ma io ci credo poco: lupo non mangia lupo.

Giorgio Anche a me sembra molto improbabile.

Facchino Facchino, signori?

Enrico Sí, vuol prendere questi quattro colli, per favore.

Facchino Dove li porto?

Enrico Da che parte ci dirigiamo adesso, Giorgio?

Giorgio Prima di tutto io proporrei di andare a prendere qualcosa in un bar. Cosa ne dici, zio?

Enrico Molto volentieri, grazie. Stavo per suggerirlo io.

1

Giorgio Allora, facchino, al Bar Universo: in quell'angolo là in fondo, tra l'ufficio postale e il deposito bagagli.

Facchino I signori hanno soltanto queste valige?

Enrico Sí, è tutto. La cartella me la porto dietro.

Facchino Questo è il mio scontrino. Attenderò i signori alla porta del bar.

Giorgio Poi, zio, ti porterò subito a casa in macchina. Devi essere molto stanco dopo trenta ore ininterrotte di viaggio in treno. Perché non ti eri prenotato per tempo un posto in vagone letto?

Enrico L'avevo fatto, ma, come sai, all'ultimo momento sono stato costretto a rimandare di due giorni la mia partenza da Londra. E cosí ho dovuto accontentarmi di una couchette; per fortuna ce ne erano alcune ancora disponibili.

Giorgio Sei riuscito almeno a riposare un po'?

Enrico Certo, ho dormito quasi tutta la notte. Ma adesso non parliamo piú del mio viaggio, ti racconterò il resto stasera dopo cena. Dimmi piuttosto qualcosa di te. Immagino che in questi giorni avrai un gran daffare con i preparativi delle nozze.

Giorgio Oh no, quasi tutto è a posto ormai: adesso abbiamo finito anche di ammobiliare la casa.

Enrico E la mamma?

Giorgio Ci raggiungerà al bar tra poco. Voleva venire anche lei a prenderti al treno, ma è dovuta andare qui vicino a fare una commissione urgente.

Facchino Ecco, signori, porto i bagagli dentro?

Giorgio Sí, ci vuol seguire, per cortesia? – Dove ci sediamo, zio?

Enrico Mettiamoci a quel tavolino di fronte alla finestra, quasi sotto il ventilatore: mi sembra un posto tranquillo. Quanto credi che debba dare di mancia al facchino, Giorgio?

Giorgio Ti prego, zio, metti dentro il portafoglio: ci penso io. – Facchino, quanto le devo?

Facchino Faccia lei, signore.

Giorgio Non saprei proprio . . . cento lire a collo, va bene?

Facchino Benissimo.

Giorgio Ecco 500 lire, tenga il resto.

Facchino Grazie infinite. Arrivederla.

* * *

Giorgio Oh, guarda, zio, è entrata la mamma.

Clara Ben venuto, Enrico. Non vedevo l'ora che tu arrivassi. Come stai?

Enrico Io benissimo, Clara, grazie. E tu?

Clara Mi contento. Peccato che non sia potuta venire anche Giovanna: ci avrebbe fatto cosí piacere. Adesso sta meglio, però, non è vero?

2

Enrico Oh sí, molto meglio, anzi si è ristabilita quasi del tutto. E sarebbe venuta tanto volentieri, ma il medico le ha sconsigliato questo viaggio: sarebbe stato troppo lungo e faticoso per lei.

Cameriere I signori desiderano?

Giorgio Cosa prendiamo? Tu, zio?

Enrico Per me, un espresso.

Cameriere Alto o ristretto?

Enrico Alto, per favore, e con una goccia di latte freddo.

Giorgio E per te, mamma?

Clara Una spremuta d'arancio, grazie.

Cameriere E a lei, dottore, porto un brandy come al solito?

Giorgio No, oggi vorrei una birra.

Cameriere Con qualcosa da mangiare?

Giorgio Sí, ci porti dei panini imbottiti e qualche pasta.

Cameriere Servo subito: se il signore vuol togliersi il cappotto . . .

Enrico Sí, preferirei: si scoppia dal caldo qui dentro.

Giorgio Scusa, mamma: sei poi andata dalla sarta stamani a provarti l'abito?

Clara Sí, e mi sembra che vada benissimo. Ci sono solo dei piccoli ritocchi da fare qua e là e domani posso andare a ritirarlo. – Come hai trovato lo zio, Giorgio?

Giorgio Molto piú giovane di quanto avrei immaginato.

Enrico Sai quanti anni ho?

Giorgio Quasi 60, mi ha detto la mamma; ma non li dimostri affatto.

Clara È vero, Enrico, li porti proprio bene; non ti puoi lamentare.

Enrico È un complimento che fa sempre piacere, specialmente quando si è passata una certa età, ma lasciamo perdere. Sandra, quando me la farete conoscere?

Giorgio Tra poco, zio. Passeremo a prenderla prima di andare a casa, e rimarrà con noi stasera per la cena.

Clara Vedrai che ragazza incantevole, Enrico: bruna, con gli occhi chiari, piena di una vitalità raffinata e inesauribile . . . perché non hai portato anche lei alla stazione, Giorgio?

Giorgio Non poteva venire, mamma; sarebbe stato poco cortese verso quei suoi vecchi amici che sono venuti apposta per vederla e per portarci un regalo.

Clara E non potevano vederla domani?

Giorgio No, mamma: domani debbono ripartire per Napoli, al mattino presto. – Tu, zio, sei poi disposto a farci da testimone, come hai promesso?

Enrico Certo, sarà un grande onore per me. E chi è l'altro testimone?

Clara Un collega di Giorgio che ha lavorato finora alla redazione romana del giornale.

3

Giorgio È un tipo molto simpatico e intelligente, vedrai: ai primi del mese prossimo si recherà per alcune settimane nel Medio Oriente come inviato speciale.

Enrico A proposito, Giorgio, come ti va ora che sei diventato redattore capo?

Giorgio Abbastanza bene, ma non potrei dire di essere interamente soddisfatto. Detto fra noi, mi lasciano assai meno libertà di quanto vorrei.

Enrico Suppongo sia la solita storia. I giornali vogliono tenere la loro tiratura il piú alto possibile, e cosí . . .

Giorgio . . . e cosí hanno finito, in qualche caso almeno, col diventare schiavi della pubblicità, fino al punto che è talvolta impossibile al giorno d'oggi esprimere opinioni che danneggino gli interessi costituiti degli inserzionisti.

Enrico Posso chiederti quale è la tiratura del tuo giornale, o è un segreto d'ufficio?

Giorgio Oh, non è affatto un segreto. Attualmente si aggira intorno alle 100.000 copie, ma è in continuo aumento.

Enrico Non è molto alta; avrei pensato di piú. Come può un giornale reggersi con una tiratura tanto bassa?

Giorgio È una lunga storia. Un giorno che avrai un po' di tempo a disposizione, potremo discuterne a lungo, se vuoi.

Enrico Molto volentieri, Giorgio.

Giorgio Ti porterò in redazione e così potrai vedere anche come si lavora.

Clara Adesso sono le sei e mezzo; è ora di dirigersi verso casa, non vi sembra?

Giorgio Sí, andiamo. – Sirio, il conto, per favore.

Cameriere Subito, dottore: sono 450 lire.

Giorgio Ecco, Sirio, il resto è per lei.

Cameriere: Grazie, dottore. Torno subito col cappotto del signore.

Giorgio Saremo a casa in meno di mezz'ora, zio. Come sai, la mamma ha comprato un appartamento quasi nel centro della città.

Clara Penso che ti piacerà: stanze molto grandi e luminose, bei mobili moderni . . .

Enrico E la villa in campagna sei riuscita a venderla poi?

Clara Finora no. Visto che ne avrei ricavato troppo poco, ho preferito darla in affitto per un anno: gli inquilini entreranno nel corso del mese.

Giorgio Ecco, zio, questa è la mia macchina. Saliamo.

1. *È molto che mi aspetti?* – Have you been waiting for me long?
2. *In perfetto orario* – Right on schedule.
3. *Questo sistema è ormai fin troppo sfruttato* – That method has now really been over-exploited.

4

4. *Come se la sono cavata?* – How did they get themselves out of trouble?
5. *Quando uno viene colto in flagrante* – When someone is caught in the act.
6. *A colpo sicuro* – Knowing in advance.
7. *Lupo non mangia lupo* – Dog doesn't eat dog.
8. *Un gran daffare* – A great deal to do.
9. *Non vedevo l'ora che tu arrivassi* – I have been looking forward so much to your arrival.
10. *Alto o ristretto?* – The waiter is asking whether they want their coffee fairly weak, or very strong.
11. *Quando si è passata una certa età* – When one has passed a certain age.
12. *Al giorno d'oggi* – Nowadays.

LA PRIMA COLAZIONE

PERSONAGGI

Clara, sorella di Enrico
Enrico, suo ospite
Angela, donna di servizio di Clara

Clara Buon giorno, Enrico. Hai dormito bene? Spero che il traffico non ti abbia disturbato troppo.

Enrico Per niente: ero un po' stanco e quasi non me ne sono accorto.

Clara E gli studenti che sono continuati a passare fino a dopo mezzanotte, non ti davano noia?

Enrico Al contrario: mi sono divertito un mondo a sentirli cantare. Le loro canzoni goliardiche mi riportavano con nostalgia ai miei verdi anni di studente.

Angela La colazione è pronta, signora.

Clara Passiamo in salotto, Enrico. Accomodati. Perché tu non perda le tue abitudini inglesi, ti ho fatto preparare uova e pancetta.

Enrico Grazie, Clara, sei molto gentile.

Clara Angela, hanno suonato: vuol vedere chi è?

Angela Subito, signora.

Clara Dev'essere il fruttivendolo o il fornaio: oggi è la giornata che riscuotono.

Enrico Sei davvero fortunata, Clara, ad avere una donna di servizio. È facile trovarne in Italia? In Inghilterra è quasi impossibile.

Clara Anche da noi è molto difficile, a meno che uno non sia disposto a pagare cifre esorbitanti.

Enrico Tu però te lo puoi permettere; noi invece . . .

Clara Oh no, non posso permettermelo nemmeno io: Angela viene ad aiutarmi solo di quando in quando, specialmente ora che le nozze di Giorgio ci danno tanto da fare. Preferisci caffè e latte o tè, Enrico?

Enrico Caffè e latte, per favore.

Clara Ti metto io lo zucchero?

Enrico Sí, grazie, un cucchiaino e mezzo.

Clara Che impressione ti ha fatto la città a tanti anni di distanza?

Enrico Da quel che ho visto finora mi sembra molto cambiata. A proposito, Clara: ieri sera, mentre venivo qua, ho visto lungo il viale di circonvallazione uno stabilimento enorme. Cos'è?

Clara È la piú grossa fabbrica di tutta la zona. Il proprietario è Michele Allegri, te lo ricordi?

Enrico Oh sí, quell'amico di papà, con cinque o sei figli sulle spalle, piuttosto povero, ma sempre pieno di idee, che abitava in una casupola mezza in rovina, non lontana dalla nostra.

Clara Proprio lui: alcuni anni fa si è messo negli affari, ed ha avuto un successo enorme, fino al punto di poter costruire uno stabilimento come quello.

Enrico Ma come ha fatto? Per quanto mi ricordo, non aveva un lavoro, a quel tempo almeno, che gli potesse permettere grandi cose.

Clara Difatti lavorava come semplice operaio in uno zoccolificio.

Enrico E allora come ha cominciato? Una grossa vincita al Totocalcio?

Clara No, una piccola eredità venutagli dall'America: due milioni che lui investì subito nella costruzione di un capannone dove cominciò a lavorare in proprio con l'aiuto del figlio maggiore.

Enrico E cosa fabbricava?

Clara Zoccoli, come puoi immaginare: in questo campo aveva ormai una pratica e una competenza non comuni. Quel capannone esiste ancor oggi dietro la fabbrica, e lo usa come magazzino.

Enrico Immagino che ora abbia alle sue dipendenze diecine e diecine di operai.

Clara Circa sessanta. E gli affari gli vanno a gonfie vele.

Enrico Ma come è riuscito a farsi una fortuna cosí grande in cosí poco tempo?

Clara È stato grazie alle esportazioni; esporta moltissimo, specialmente in Germania e negli Stati Uniti.

Enrico E cosa esporta? soltanto zoccoli?

Clara Oh no! Calzature di lusso, che ora produce su scala sempre piú vasta, e sono veramente buone: le migliori di tutta la zona, ed anche le piú vendute, io credo.

Enrico E i figli? Tutti quei ragazzi mal vestiti, mal nutriti . . .

Clara Un paio hanno preso moglie e sono adesso ben sistemati: vivono a Milano per conto proprio.

Enrico E gli altri?

Clara I maschi lavorano nella ditta paterna; le ragazze invece non so bene cosa facciano.

* * *

Angela Permesso, signora?

Clara Sí, entri pure, Angela.

Angela È venuto il postino, signora. Aveva un pacco raccomandato per lei e queste due lettere per il Signor Enrico.

Enrico Permetti che veda chi mi scrive?

Clara Certo, Enrico.

Enrico Oh, questa viene da un albergo di Firenze a cui mi ero permesso di dare il tuo indirizzo come recapito; e quest'altra è di Giovanna.

Clara Che brava moglie! Non ha aspettato di avere tue notizie prima di scriverti.

Enrico Difatti mi ha scritto il giorno stesso che sono partito da casa. Vuol mettere queste lettere sulla mensola, Angela, le leggerò dopo.

7

Clara Leggile pure adesso, Enrico; fa conto di essere a casa tua, ti prego. Intanto Angela ed io . . .

Angela La signora vuole che esca per la spesa?

Clara Sí, Angela. Per la cena non abbiamo da preoccuparci perché c'è tutto in casa.

Angela E per il pranzo passo dal macello a prendere un tacchino, come lei mi aveva detto?

Clara No, ho cambiato idea . . . oggi si dovrebbe trovare del pesce fresco, e so che mio fratello va matto per l'aragosta al Courvoisier. Vada al mercato e ne compri almeno un paio, eventualmente di piú se fossero piccole.

Angela E come contorno?

Clara Faremo insalata mista e maionese. All'antipasto e ai formaggi ci pensi lei. Mi sembra sia tutto.

Angela Benissimo, signora. Vado a prepararmi ed esco subito. Rifaccio i letti quando torno.

Clara D'accordo, Angela. Vada pure. – Tu, Enrico, mi sembri un po' contrariato. Qualcosa che non va? Non saranno cattive notizie della famiglia, spero.

Enrico Oh no, in famiglia va tutto bene. Da Firenze invece mi scrivono che non hanno piú posti. Ecco la lettera, leggi pure.

Clara "Egregio Signore, in risposta alla Sua pregiata del 12 corrente ci rincresce comunicarLe che il nostro albergo è al completo per tutta la presente stagione. Spiacenti di non poterLa servire direttamente, Le accludiamo un opuscolo con indirizzi e fotografie di alberghi che appartengono al nostro stesso gruppo. Voglia gradire i nostri piú distinti saluti." – Non è cosa che mi sorprenda molto: quest'anno l'afflusso dei turisti è stato di gran lunga superiore al previsto. Ci tenevi tanto ad andare proprio in quell'albergo?

Enrico Non particolarmente, ma c'ero già stato da giovanotto tanti anni fa, e desideravo ritornarci piú che altro per ragioni sentimentali.

Clara Mi fai vedere per piacere l'opuscolo che ti hanno mandato? . . . Ecco, io scriverei a quest'albergo: a giudicare dalla fotografia, mi sembra situato in una posizione incantevole.

Enrico E d'altra parte i prezzi di listino sono piú che ragionevoli, in piena stagione come siamo. Facciamo senz'altro cosí.

Clara Ad ogni modo non preoccuparti. Nel caso tu non riesca a trovare una camera d'albergo in tempo, qualche mio vecchio amico potrà senz'altro ospitarti in casa sua. Adesso passiamo nella stanza qui accanto e scriviamo subito una lettera a quell'albergo. Entra, ti prego. La batti da te, Enrico?

Enrico Preferirei dettartela, se non ti dispiace. Non conosco bene la tastiera delle macchine italiane.

Clara Bene, detta pure.

8

Enrico "Egregio Direttore, verrò a Firenze per otto giorni dal 6 al 14 del prossimo mese, e mi affretto a scriverLe per riservare una camera singola, o in mancanza di questa una camera matrimoniale, con bagno. Molto grato se vorrà rispondermi a giro di posta, Le presento, Egregio Direttore, i miei piú distinti saluti."

Clara Ecco, Enrico, devi solo firmarla.

Enrico Grazie infinite, Clara. Esco subito e la mando per espresso.

Clara Non importa che tu vada fuori per questo: Angela deve uscire adesso per la spesa e può impostarla lei.

Enrico Grazie, non disturbare Angela. Vado io, cosí prendo una boccata d'aria fresca e do un'occhiata in giro. Dov'è il piú vicino ufficio postale?

Clara Ce n'è uno non lontano di qui, ci puoi andare benissimo a piedi. Quando sei al crocevia, vedrai il Cinema Nuovo: l'ufficio postale è quasi di fronte, non ti puoi sbagliare.

Enrico Grazie, Clara, esco subito. A che ora devo essere di ritorno per il pranzo?

Clara Verso mezzogiorno e mezzo, ti va bene?

Enrico Benissimo.

Clara Ma fa pure il tuo comodo; ti aspetteremo per mettere giú la pasta.

Enrico Ciao, Clara. Se dovessi ritardare ti darò un colpo di telefono.

1. *Mi sono divertito un mondo a sentirli cantare* – I enjoyed myself enormously listening to them singing.
2. *Ai miei verdi anni di studente* – To my early student days.
3. *Disposto a pagare cifre esorbitanti* – Ready to pay exorbitant sums.
4. *Con cinque o sei figli sulle spalle* – With five or six sons on his hands.
5. *Gli affari gli vanno a gonfie vele* – His business is booming.
6. *Ho cambiato idea* – I've changed my mind.
7. *La batti da te, Enrico?* – Are you going to type it yourself, Enrico?
8. *Una boccata d'aria fresca* – A breath of fresh air.
9. *Do un'occhiata in giro* – I have a look round.
10. *Ma fa pure il tuo comodo* – But you please yourself.
11. *Dare un colpo di telefono* – To give a ring.

TRA LE DIECI E MEZZOGIORNO

PERSONAGGI

Enrico e Giorgio, zio e nipote
Sandra, fidanzata di Giorgio
Un impiegato di banca e una fioraia

Giorgio Siamo tutti pronti?

Sandra Sí, Giorgio. Quando vuoi possiamo uscire.

Giorgio Credo che tu, zio, desideri andare prima di tutto alla banca, vero?

Enrico Sí. E dopo, se a voi non dispiace, vorrei passare da un fioraio e mandare un mazzo di fiori alla mamma di Sandra, che mi ha invitato a cena per stasera.

Sandra Grazie per il pensiero gentile, zio Enrico. La mamma lo apprezzerà moltissimo.

Giorgio Tu, Sandra, hai qualche impegno questa mattina?

Sandra No, Giorgio, posso rimanere con voi fino all'ora di pranzo.

Giorgio Avete visto il giornale di stamani?

Sandra No. Cosa c'è di nuovo?

Enrico Io sono uscito apposta per comprarlo: mi interessava leggere il resoconto di quella rapina . . . Tu ne sai qualcosa, Giorgio?

Giorgio Solo ciò che ha detto la radio ieri sera.

Enrico È stato davvero un colpo in grande stile, fatto da persone che dovevano essere tutte ormai vecchie del mestiere. Non avrei mai creduto che in pieno pomeriggio, in una via di cosí gran traffico . . .

Sandra Io non so niente. Volete raccontare qualche cosa anche a me?

Enrico È un fatto di cronaca nera accaduto ieri verso le due del pomeriggio. Un automezzo che trasportava gioielli per il valore di oltre cento milioni di lire ha cozzato con un camioncino. Sembrava un puro e semplice incidente stradale, uno dei tanti che avvengono ogni giorno in qualsiasi città del mondo.

Sandra Quel cozzo invece non era casuale?

Giorgio Evidentemente no.

Sandra Cos'è successo poi?

Enrico Il camioncino era seguito a distanza da un'autoambulanza del Pronto Soccorso, la quale si è subito portata sul luogo dell'incidente a tutta velocità.

Giorgio Hai capito il trucco, Sandra?

Sandra Non ancora, Giorgio: come sai, non leggo la cronaca nera dei giornali e non ho mai aperto un romanzo giallo in vita mia.

Enrico Dall'autoambulanza sono scesi alcuni banditi, vestiti da infermieri e armati di pistola, che hanno preso immediatamente

10

possesso dell'automezzo e sono subito fuggiti senza lasciar traccia.

Sandra È stato un colpo di un'audacia incredibile. Hanno ancora scoperto nessuno?

Giorgio Credo di no.

Enrico Ma sí, Giorgio, non hai sentito il giornale radio delle otto?

Giorgio No, cos'ha detto?

Enrico Ne hanno già arrestati due.

Giorgio Quando?

Enrico Nelle prime ore di stamani. Li hanno sorpresi mentre giocavano d'azzardo in una bisca clandestina. Perché ti sei fermato, Giorgio?

Giorgio Siamo davanti alla nostra banca. Entriamo. – Buon giorno, ragioniere.

Ragioniere Buon giorno, Signor Martelli. Mi dica.

Giorgio C'è qui mio zio che deve cambiare degli assegni turistici.

Ragioniere Me li vuol mostrare, per cortesia?

Enrico Ecco, sono 200.000 lire.

Ragioniere Ha il passaporto? Non si tratta di sfiducia da parte nostra, è una pura formalità.

Enrico Prego.

Ragioniere Vuol dirmi adesso il suo indirizzo in Italia? Debbo annotarlo sul retro degli assegni.

Enrico Vivo presso il Signor Giorgio Martelli, Via . . .

Ragioniere Mi basta cosí. Conosciamo bene il Signor Martelli. I soldi li vuole tutti in contanti o preferisce assegni circolari per una parte?

Enrico Tutti in contanti, per favore. Ma ho anche delle sterline da cambiare in lire italiane e per il controvalore di quelle vorrei aprire un conto corrente. È possibile?

Ragioniere A rigore dovrei sentire prima il parere del direttore che ora è momentaneamente assente, ma io sono il suo delegato e non ho niente in contrario ad aprirle io il conto corrente, visto che lei è presentato dal Signor Martelli.

Enrico Grazie infinite. Quanto è il cambio stamattina? Ho 600 sterline.

Ragioniere Per trattarla proprio bene, gliele possiamo cambiare a 1.738, e non le prendiamo niente di commissioni.

Enrico Ci sono delle spese per aprire un conto corrente con la vostra banca?

Ragioniere Sí, 530 lire: 130 per il libretto e 400 per il blocchetto degli assegni, se lo vuole da venti.

Enrico Va bene, grazie.

Ragioniere Adesso mi fa una firma su questo cartellino, poi un'altra qui per il prelevamento del blocchetto di assegni, e ancora un'altra per il cambio delle sterline.

Enrico Devo firmare per esteso?

Ragioniere Sul cartellino deve firmare come firmerà poi gli assegni: è il suo specimen di firma che noi dobbiamo conservare agli atti.

Enrico Grazie, ragioniere, ecco.

Ragioniere Si accomodi pure alla cassa. Vedo che ha da fare un po' di coda; troverà tutto pronto quando sarà il suo turno.

Enrico Grazie mille, ragioniere.

Ragioniere Arrivederla, grazie a lei.

Enrico Mi scusi, dovrei chiederle ancora una cosa.

Ragioniere Prego.

Enrico Tra qualche settimana avrò bisogno di un certo quantitativo di franchi francesi. È possibile acquistarli a questo sportello?

Ragioniere Naturalmente. Ce lo dica però con qualche giorno di anticipo. A volte non abbiamo a disposizione valuta francese e dovremmo farla venire tramite la nostra Direzione Generale.

Enrico Bene, grazie di nuovo. – Ci mettiamo subito in coda, Giorgio, o ripassiamo tra un po'?

Giorgio C'è cosí poca gente ora, zio; non conviene uscire.

*   *   *

Sandra Avete fatto tutto?

Giorgio Sí, Sandra. Tu ti devi essere annoiata a morte, immagino.

Sandra Per niente, Giorgio. Mentre voi facevate la coda alla cassa, ho letto un articolo molto interessante sulla vita dei pesci. Cosa facciamo adesso?

Enrico Io vorrei comprare un mazzo di fiori.

Sandra C'è un fioraio proprio a due passi da qui. Andiamo, vi ci porto io.

Giorgio Cosa farai, zio, per la fine settimana?

Enrico Ho intenzione di andare sui Colli Euganei e vorrei prendere una macchina a nolo. Credi che me la daranno con facilità?

Giorgio Oh sí, ci sono tanti garages che noleggiano automobili. Se vuoi posso accompagnarti io da uno che conosco bene.

Enrico Mi faresti davvero un gran piacere. Quando possiamo andare?

Giorgio Il giorno che vuoi tu, zio: domani pomeriggio, ad esempio?

Enrico Per me va benissimo. Ti telefonerò in ufficio durante la mattinata e ci metteremo d'accordo sull'ora.

Sandra Non credi che ti troverai un po' imbarazzato con la guida a destra?

Enrico Per niente, Sandra. Fino a pochi anni addietro facevo spesso viaggi in macchina sul continente, e ti assicuro che posso guidare indifferentemente sia a destra che a sinistra.

Sandra Siamo arrivati, zio.

Enrico Volete scusarmi un momento?

12

Giorgio Fa pure, ti aspettiamo qui.

Enrico Buon giorno, signora.

Fioraia Buon giorno. Cosa desidera?

Enrico Debbo mandare un regalo ad una signora dalla quale sono stato invitato a cena per questa sera.

Fioraia Se vuole delle piante ne ho di bellissime: azalee, ciclamini, cinerarie . . .

Enrico Vedo che ha anche delle rose magnifiche.

Fioraia Sono arrivate da San Remo stamani.

Enrico Mi piacciono moltissimo. Me ne vuol fare un mazzo di una dozzina, per piacere?

Fioraia Subito, signore. Dove debbo mandarle?

Enrico A questo indirizzo. Quanto è, signora?

Fioraia Duemiladuecento lire, per favore.

Enrico Ecco. Tenga il resto. E questo è il mio biglietto da visita. Le manda subito?

Fioraia Non dubiti; arriveranno all'indirizzo che lei mi ha dato prima di mezzogiorno.

Enrico Arrivederla e grazie.

Fioraia Grazie a lei, signore, buon giorno.

Enrico Mi dispiace di avervi fatto aspettare tanto. Andiamo a prendere un aperitivo al Bar Italia?

Giorgio Volentieri, zio. Sandra mi stava dicendo che domani sera c'è la prima rappresentazione dell'Otello. Se ci fossero ancora dei posti disponibili, ti interesserebbe venire?

Enrico Moltissimo. Sono appassionato di musica e amo molto le opere di Verdi. Chi canta?

Sandra C'è un complesso che non dovrebbe deludere: tutti nomi di prim'ordine.

Giorgio Potremmo invitare anche Cesare. È un collega che mi piacerebbe farti conoscere, zio: cordiale, espansivo, allegro . . . ha girato mezzo mondo e sono sicuro che farà una carriera rapida e brillante. Eccoci giunti al Bar Italia: ci sediamo a un tavolo o beviamo al banco?

Sandra Se non vi dispiace io preferirei andarmene, perché ho promesso alla mamma di non arrivare in ritardo. Potete accompagnarmi alla fermata dell'autobus?

Giorgio Gli autobus sono troppo affollati a quest'ora, Sandra. Prendi un tassì. Ne passa adesso uno libero, vuoi che lo fermi?

Sandra Sì, grazie. Bene, allora ci rivedremo tutti stasera a casa mia per la cena.

Enrico A che ora dobbiamo venire, Sandra?

Giorgio Passerò io a prenderti verso le sette.

Sandra Anche un po' prima, Giorgio, se ti è possibile.

Enrico Io mi farò trovar pronto dalle sei e mezzo in poi. Appena Giorgio arriva, salto in macchina e veniamo subito da voi.

Sandra Arrivederci, zio. Ciao, Giorgio.

Enrico A stasera, Sandra.

Giorgio Cosa farai questo pomeriggio, zio?

Enrico Ho diverse cose in programma. Prima di tutto vorrei fare una breve visita al Museo . . . ci sono alcuni quadri di pittori moderni che mi interessa vedere.

Giorgio Desideri che ti accompagni?

Enrico Mi farebbe piacere, ma non voglio portarti via troppo del tuo tempo.

Giorgio Non si tratta di questo, zio. Se posso confidarti un segreto io nei musei mi annoio a morte. Questa volta però vengo volentieri, visto che sarò in tua compagnia e a condizione che la visita non si protragga troppo a lungo.

Enrico Grazie, Giorgio. Prendiamo questo aperitivo allora?

Giorgio Con piacere, zio.

1. *Fatto da persone che dovevano essere tutte ormai vecchie del mestiere* – Done by people who must really have been old hands at the trade.
2. *Buon giorno, Signor Martelli. Mi dica* – Good morning, Mr Martelli. What can I do for you?
3. *Non ho niente in contrario* – I have nothing against it.
4. *Se lo vuole da venti* – If you want a book of twenty.
5. *Devo firmare per esteso?* – Do I sign in full?
6. *Ha girato mezzo mondo* – He has been half round the world.

ACQUISTO DI UNA CASA

PERSONAGGI

Signora Zecchi, padrona di casa
Mario e Giuliana, marito e moglie

Mario Vista dall'esterno, la casa si presenta molto bene.

Giuliana E questo piccolo ripiano sul davanti, con le ortensie agli angoli e una magnolia nel mezzo, è davvero grazioso.

Mario Piace molto anche a me. E nello spazio libero qui di fianco potremmo facilmente erigervi un garage prefabbricato.

Giuliana Speriamo che l'interno non ci deluda. Posso suonare?

Mario Sí. Suona pure. Non sono ancora le tre e mezzo, ma ho detto alla signora che forse saremmo arrivati un po' in anticipo.

Giuliana Mi sembra che stia scendendo; deve averci già visti dalla finestra. Caro, hai con te il blocchetto degli assegni, nel caso che si debba andare all'Agenzia per la caparra?

Mario Sí, sta tranquilla. Ecco la signora.

Giuliana Buona sera, Signora Zecchi. Non siamo venuti troppo presto, spero?

Sig.ra Zecchi Niente affatto; entrate. Il Signor Mario mi ha detto per telefono che dovrete essere di nuovo in città per le cinque; perciò vi mostro subito la casa senza perder tempo in convenevoli inutili.

Mario Molto bene, signora, grazie.

Sig.ra Zecchi Questa prima stanza a destra è il salotto.

Mario Vedo che è stato decorato di recente.

Sig.ra Zecchi Sí, quando abbiamo installato il riscaldamento centrale. Non ha affatto bisogno di ritoccature: per di più la pittura è lavabile e dovrebbe conservarsi per parecchi anni, stando a quello che ci ha detto il decoratore.

Giuliana È una bellissima stanza. Mi sembrerebbe adatta per farci il tuo studio, Mario. Cosa ne pensi?

Mario Dovrebbe andar bene, a condizione che non sia troppo rumorosa.

Sig.ra Zecchi Oh no, non è rumorosa per niente. Questa è una delle zone più tranquille della città. Vogliamo passare nell'altra stanza?

Mario Sí, grazie, signora.

Sig.ra Zecchi Ecco, questa è la sala da pranzo: è assai più grande del salotto. Le tende e il tappeto, per quel poco che valgono, sono comprese nel prezzo della casa, se vi interessano.

Giuliana Oh sí: ci permetteranno di ridurre un po' le spese di arredamento che saranno spaventosamente alte.

Sig.ra Zecchi Come vedete la stanza ha bisogno di essere dipinta di nuovo. Mio marito ed io l'avevamo tenuta molto bene, ma l'estate scorsa sono venuti da noi per tre mesi mio figlio e mia nuora con i loro bambini che sono tanti folletti, e l'hanno ridotta in questo stato.

Mario Non mi stupisce: se lei vedesse come i miei nipotini hanno ridotto la casa di mio fratello, si metterebbe le mani nei capelli. Piuttosto . . .

Sig.ra Zecchi Qualcosa che non va, Signor Mario? Mi chieda pure.

Mario Non vedo prese elettriche in questa stanza.

Sig.ra Zecchi Ce ne sono due, guardi: una è qui a destra del caminetto e l'altra è laggiú sotto la televisione.

Mario E questo angolo, dove ora c'è il pianoforte, sarebbe ideale per un piccolo bar familiare.

Sig.ra Zecchi Voleva già farlo mio marito, ma poi decidemmo di comprare una casa piú grande, in mezzo alla campagna, e cosí abbiamo lasciato la decisione ai nuovi acquirenti.

Mario Sei d'accordo, Giuliana?

Giuliana Francamente no, ma preferisco dire di sí per non turbare la pace in famiglia: so che hai sempre sognato di avere una casa con un piccolo bar.

Sig.ra Zecchi Adesso passiamo in cucina: è tutta in stile moderno . . . Dopo di lei, Signor Mario.

Mario Grazie, signora. Non è un po' troppo piccola, Giuliana?

Giuliana Non direi. E poi non mi piacciono le cucine molto grandi: danno troppo da fare.

Sig.ra Zecchi Qui comunque potrete sistemarci comodamente tutto ciò di cui ha bisogno una massaia moderna: la macchina per lavare i piatti, una lavatrice per biancheria, il frigorifero, fornelli a gas e tutto il resto.

Mario E questa è la dispensa, suppongo.

Sig.ra Zecchi No, qui dentro c'è il bruciatore a nafta per il riscaldamento centrale. Adesso glielo mostro.

Mario A proposito, signora, può dirmi qualcosa circa il costo del consumo e della manutenzione?

Sig.ra Zecchi Purtroppo non posso dirle niente di preciso, perché è mio marito che paga questi conti, ma so che il nostro sistema di riscaldamento è molto economico: certamente il piú economico tra tutti quelli in uso al giorno d'oggi.

Giuliana E non c'è da preoccuparsi per la sicurezza?

Sig.ra Zecchi Assolutamente no: sono già state apportate tutte le modifiche richieste dai vigili del fuoco, i quali sono venuti a fare un ultimo sopraluogo proprio due settimane fa . . . Qui a sinistra c'è la dispensa.

Giuliana Posso aprire, signora?

Sig.ra Zecchi Naturalmente, faccia pure.

Mario Ti pare grande abbastanza, Giuliana?

Giuliana Sí, ci vanno dentro molte piú cose di quanto sembri.

Sig.ra Zecchi Ed inoltre avrete libero questo spazio, adesso occupato dalla stufa a carbone: ora che c'è un radiatore anche in cucina, essa è soltanto di ingombro. La potete togliere senz'altro e sfruttare lo spazio nel modo che crederete piú opportuno.

Mario Vuoi chiedere ancora qualcosa, Giuliana?

Giuliana No, mi sembra che vada tutto molto bene.

* * *

Sig.ra Zecchi Allora, saliamo al piano superiore: ci sono quattro camere da letto, di cui due assai piccole, piú i servizi. Vado avanti io, cosí faccio strada.

Mario Grazie, signora. Prego, Giuliana.

Sig.ra Zecchi Non ci starebbe male un t..ppeto su queste scale; però sono di un marmo assai raffinato, e per questo noi non l'abbiamo mai messo.

Mario Scusi, signora: qualcuno ha bussato alla porta.

Sig.ra Zecchi Non so proprio chi possa essere. Volete scusarmi un momento?

Mario Certo, signora: si accomodi.

Sig.ra Zecchi Voi intanto date pure un'occhiata alle stanze. Sarò di ritorno fra un momento.

Mario Tutto considerato, mi sembra che sia proprio la casa che fa per noi, anche come numero di camere da letto.

Giuliana In questa prima stanza, in cima alle scale, ci metteremo la bambina; ha quasi due anni, ed è ora che si abitui a dormire da sola.

Mario Questa piú grande sarà la camera matrimoniale, e quella accanto va bene per la zia Lucia: c'è spazio piú che sufficiente anche per il suo tavolo da stiro e la macchina per cucire. La quarta camera la riserviamo per gli ospiti o la useremo come ripostiglio. Cosa ti pare della stanza da bagno?

Giuliana Mi sembra ottima: è fornita di vasca, doccia e riscaldamento, ed è stata tutta rimodernata da poco con molto buon gusto.

Mario Io l'avrei desiderata un po' piú grande, ma pazienza: non si può avere una casa tutta fatta su misura come un abito. Senti, Giuliana: facciamo venire il perito, e se ci dà parere favorevole, la compriamo senz'altro.

Giuliana Hai già pensato a chi rivolgerti?

Mario Lo chiederò a Giovanni, un mio vecchio compagno di scuola: sono sicuro che non ci farà spendere troppo e che la sua perizia sarà molto accurata.

Sig.ra Zecchi Dunque . . . avete veduto tutto? Vi piace la casa?

Mario Sí, moltissimo. E si può avere sempre acqua calda, d'estate e d'inverno, vero?

Sig.ra Zecchi Oh sí, sí, non manca mai. L'impianto è stato revisionato di recente da tecnici qualificati e adesso funziona perfettamente.

Mario Allora non rimane che da vedere il giardino. Possiamo scendere?

Sig.ra Zecchi Certo. Dico subito che è piuttosto trascurato: i nostri amici dicono addirittura che è una giungla.

Mario Sí, è effettivamente un po' trascurato, me ne sono reso conto guardando dalla finestra.

Sig.ra Zecchi Però in un paese qui vicino ci sono dei bravi giardinieri e sono sicura che con pochi soldi potrete sistemarlo bene. Ecco, di qui potete averne un'idea piú precisa.

Mario La forma è piuttosto bizzarra, ma mi piace. La parte dietro la casa la metterò a prato e vi pianterò degli alberi.

Giuliana Cosí ci potremo venire a mangiare quando fa bel tempo. E in quella lunga sezione che fiancheggia la strada cosa faremo?

Mario Prima di tutto bisogna livellarla da cima a fondo, e poi dividerla in almeno due ripiani, separati da siepi di mortella. Nel ripiano piú alto vi metteremo alberi da giardino, e nell'altro vi faremo delle aiuole.

Sig.ra Zecchi Vedo che siete pieni di idee brillanti . . . Avete tempo per bere qualcosa prima di partire?

Mario Sí, grazie, ma un po' in fretta, perché cominciamo ad avere i minuti contati.

Sig.ra Zecchi Passiamo in salotto. Volete accomodarvi sul divano? Lei che cosa desidera, Signor Mario?

Mario Preferirei qualcosa di secco.

Sig.ra Zecchi Un whisky va bene?

Mario Benissimo, grazie.

Sig.ra Zecchi Con acqua o soda?

Mario Niente, signora. Lo preferisco liscio.

Sig.ra Zecchi E lei, signora?

Giuliana Qualcosa di non troppo alcoolico, per favore.

Sig.ra Zecchi Un vermouth?

Giuliana Ottimo, grazie.

Sig.ra Zecchi Io le terrò compagnia, anche a me non piacciono bevande forti. Allora cosa pensate in definitiva della casa?

Mario Siamo disposti a comprarla, ma prima di impegnarci vorremmo farla esaminare da un perito, se lei ci permette.

Sig.ra Zecchi Naturalmente. Lo mandi pure quando vuole, ma gli dica che mi telefoni prima di venire; sono spesso fuori in questi giorni, e non vorrei che facesse il viaggio inutilmente.

Mario Ad ogni modo, Signora Zecchi, noi passiamo adesso dall' Agenzia a lasciare la caparra, e per il resto discuteremo poi con suo marito.

Sig.ra Zecchi D'accordo, e grazie infinite per essere venuti.

Mario Grazie a lei, signora. Adesso voglia scusarci, dobbiamo proprio partire. Arrivederla.

Giuliana Buona sera, signora.

1. *Stando a quello che ci ha detto il decoratore* – Judging from what the decorator told us.
2. *Per quel poco che valgono* – For what little they are worth.
3. *Si metterebbe le mani nei capelli* – You would tear your hair.
4. *Vado avanti io, cosí faccio strada* – I'll go first and show you the way.
5. *Tutto considerato, mi sembra che sia proprio la casa che fa per noi* – All things considered, it seems to be just the right house for us.
6. *È ora che si abitui a dormire da sola* – It's time she got used to sleeping alone.
7. *Io l'avrei desiderata un po' piú grande, ma pazienza* – I should have liked it to be a bit larger, but one can't have everything.
8. *Fatta su misura* – Made-to-measure.
9. *Cominciamo ad avere i minuti contati* – We are beginning to be short of time.

19

SULLA SPIAGGIA

PERSONAGGI

Marta, Claudio, Luisella, Ugo: Quattro amici

Claudio Sei proprio sicura che questo è il posto dove Luisella ci ha dato appuntamento?

Marta Sicurissima. Vedrai che non starà molto ad arrivare.

Claudio Guarda! È scesa in questo momento da un tassì: ci ha visti e corre verso di noi come una pazza. Andiamole incontro . . .

Luisella Non sono troppo in ritardo, spero.

Claudio No, esattamente sette minuti e mezzo.

Marta Oh! Claudio: anche al mare hai l'ossessione della puntualità.

Luisella Scusatemi tanto: è stata colpa mia. Quando ero già per strada, mi sono accorta che avevo dimenticato la macchina fotografica alla pensione; così sono tornata indietro per prenderla.

Claudio Potevi farne a meno: ti avevo detto che anche noi ne avevamo una.

Luisella Lì per lì non me ne sono ricordata. Fatto sta che ho perso l'autobus: mi sono messa ad aspettare un tassì . . . e finalmente ne è passato uno libero che mi ha portato fin qui. Dov'è il vostro bagno?

Marta Qualche centinaio di metri più avanti: è il terzo a destra. Andiamo subito sulla spiaggia?

Luisella Volentieri. Sentite, debbo chiedervi una cosa: io ho un bikini, credete che la polizia possa farmi delle storie?

Marta Ma scherzi davvero, Luisella . . . Vedrai, su questa spiaggia c'è una infinità di ragazze in bikini. Non hai affatto da preoccuparti.

Luisella Però è vero che qualche anno fa il costume a due pezzi era proibito?

Claudio Neanche per sogno! Ci sono stati effettivamente dei casi . . . ma poi è risultato che si trattava di poliziotti troppo zelanti o in cerca di pubblicità a buon mercato.

Marta E tutto è finito in una gran risata. Questo è il nostro bagno, Luisella.

Luisella Vedo con piacere che non è molto affollato.

Marta Aspetta a dirlo: fra mezz'ora non ci si potrà più muovere dalla gran folla. – Vai tu, Claudio, a prendere la chiave?

Claudio Sí, vado io. Voi aspettatemi davanti alla cabina: è il numero 42.

Marta È da molto che non passi vacanze al mare, Luisella?

Luisella Quattro anni. Come sai, mio padre ama la montagna, e finora ha sempre voluto che io e mio fratello andassimo con lui. Quest'anno finalmente ci ha lasciati liberi di andaɪe dove volevamo: mio fratello è andato nel nord della Francia a fare volo a vela, e io invece sono venuta qui a fare bagni di mare.

Marta Hai trovato facilmente una pensione? Con tutta questa ressa di stranieri, specialmente di tedeschi . . .

Luisella Io avevo prenotato fin dall'inizio della primavera: è una pensione piccola, pulitissima, con un grazioso giardino molto ben tenuto, si mangia bene . . . all'aperto, tutte persone molto simpatiche.

Claudio Ecco la chiave.

Luisella Va prima tu, Marta.

Claudio Paghi molto alla pensione dove sei?

Luisella A dir la verità, non trovo che i prezzi siano eccessivi, in un periodo di alta stagione come questo. Per darti un'idea, camera e due pasti vanno sulle tremilacinquecento lire.

Claudio Quanto tempo rimarrai al mare quest'anno?

Luisella Non piú di tre settimane, purtroppo. Poi comincerò a lavorare.

Claudio Hai già trovato un posto?

Luisella Sí, farò la commessa in una farmacia. È un lavoro che mi piace ed è pagato piuttosto bene.

Marta Ecco, Luisella: io ho fatto. Vuoi andar tu adesso? – Claudio, ricordati che oggi si deve anche pagare il fitto della cabina. Hai abbastanza soldi con te?

Claudio Sí, ho pagato proprio stamani alla moglie del bagnino.

Marta Le hai detto che rimarremo una settimana in piú?

Claudio Sí, sí: potremo tenere questa cabina per tutto il tempo che vogliamo.

Marta Questo costume ti sta alla perfezione, Luisella, ed è bellissimo. Dove l'hai comprato?

Luisella Sulla Passeggiata, da Diana.

Marta Oh, conosco quel negozio, è uno dei migliori . . . Posso chiederti quanto l'hai pagato?

Luisella Certo: 12.000 lire.

Marta È effettivamente un po' caro. Il mio costa poco piú della metà.

Claudio Bene, ragazze, voi andate a mettervi sotto quell'ombrellone rosso, con le sedie a sdraio . . .

Marta . . . vicino a quei bambini che costruiscono castelli di sabbia?

Claudio Esatto. Avviatevi lì, io intanto vado qui all'edicola a comprare qualche giornale.

Luisella Vorresti comprare anche "Arianna" per me?

Claudio Certo. Tu, Marta, vuoi qualcosa di particolare?

Marta No, grazie. Io continuerò il mio romanzo.

Luisella Che romanzo stai leggendo?

Claudio Un giallo, naturalmente.

Marta Sí, ma non uno dei soliti. È tutto basato su una formula nuova . . . pensa, Luisella, che sono arrivata a metà e non ho ancora scoperto chi è l'assassino.

Luisella Piú tardi potremmo andare a sdraiarci una mezz'ora al sole su quegli scogli.

Marta Sí, molto volentieri.

* * *

Luisella Che programma avete per stasera, Marta?

Marta Si potrebbe andare al 'Fortuna' a ballare, ma chiediamolo a Claudio. Lui ha sempre delle buone idee.

Luisella Eccolo che torna . . . in compagnia di un altro giovanotto.

Marta Ah, è Ugo, lo conosco molto bene: è un vecchio amico di famiglia venuto a passare gli ultimi suoi giorni di ferie sul nostro golfo.

Claudio Luisella, tu non conosci Ugo Chiarini?

Luisella Buon giorno, Ugo.

Ugo Tanto piacere, Luisella.

Marta Luisella ed io si pensava di andare al 'Fortuna' stasera. Avete qualcosa di meglio da proporre?

Ugo Perché non si va invece a pescare? C'è luna piena, e io ho una potente lampada all'acetilene.

Claudio Cosí faremo pure una bella nuotata al chiar di luna presso i Faraglioni.

Marta e Luisella Magnifico.

Luisella Dove ci troviamo allora?

Ugo Troviamoci addirittura all'Imbarcadero. La mia barca è ancorata all'estrema sinistra, non vi sarà difficile riconoscerla; è bianca con una fascia nera a metà carena ed ha il nome in vista: Carolina.

Luisella Ricordo di un'antica fiamma?

Ugo Mi dispiace deluderti: è il nome di mia sorella. L'ha voluta chiamare cosí mio nonno perchè ce l'ha regalata per il nostro compleanno: mia sorella ed io siamo gemelli.

Luisella Allora perchè non porti anche tua sorella stasera?

Ugo Impossibile: è andata a Ravello a trovare la sua futura suocera. Bene, allora siamo tutti d'accordo?

Luisella Sí, a che ora ci vedremo?

Ugo Tra le nove e mezzo e le dieci. Va bene per voi?

Marta e Luisella Benissimo.

Marta Spero che non farai come stamani.

Ugo Perché? Cosa ho fatto stamani?

Marta Sei partito dicendoci che saresti tornato subito per giocare a palla a volo con noi, e invece non ti abbiamo piú visto.

22

Ugo Scusami tanto, Marta. Ero andato a fare una doccia, e poi ho incontrato il bagnino.

Claudio Ho capito, ti ha attaccato un bottone.

Ugo Sí, ha voluto raccontarmi le sue avventure di palombaro: quando ha finito la lunga storia, io sono tornato subito qua ma non vi ho piú trovati.

Claudio Difatti siamo andati a casa per la colazione piú presto del solito.

Ugo Ad ogni modo, sta sicura, Marta, che stasera non dimenticherò l'appuntamento.

Claudio Guardate, ragazze, oltre ai giornali ho comprato anche delle aranciate: qui ci sono delle pagliuzze per chi non vuol bere nei bicchieri di carta.

Marta Io veramente preferirei l'aranciata piú tardi, dopo la prima nuotata; la potremo bere quando mangiamo i panini che abbiamo con noi.

Claudio Oggi l'acqua è piú cristallina del solito, prendo le pinne e la maschera e faccio un salto: chissà che non torni con qualche stella marina. Ti tuffi anche tu, Ugo?

Ugo Piú tardi: preferisco prendere ancora un po' di sole.

Marta Da quanto tempo sei ritornato, Ugo?

Ugo Da alcuni giorni appena.

Marta Ti sei divertito?

Ugo Moltissimo. Sono state delle vacanze meravigliose: peccato che siano finite cosí presto.

Luisella Dove le hai trascorse, Ugo?

Ugo Sulla Costa Azzurra. Ero stato invitato da alcuni amici francesi che hanno un panfilo superbo: è stato indimenticabile.

Marta Ed hai fatto sci acquatico?

Ugo Sí, di tanto in tanto, ma non è il mio sport preferito. Volete scusarmi un momento? Vedo una donna che vende banane: vado a comprarne un mazzo e torno subito.

Marta Tu, Luisella, ti ricordi di Giuliana, quella nostra compagna di scuola al Liceo di Salerno?

Luisella Sí, la ricordo molto bene. Frequentava anche scuola di balletto ed era bravissima, ma sono anni ormai che non ho piú notizie di lei.

Marta Sai che è in villeggiatura qui al Vesuvio, il terzo o quarto bagno sopra il nostro?

Luisella Dìci davvero? Come la rivedrei volentieri.

Ugo Ecco, ragazze. Le banane le aveva finite. Ho comprato dell'uva e delle pesche, servitevi.

Luisella Grazie, Ugo. – Dimmi, Marta: cosa fa Giuliana addesso?

Marta Fino ad un anno fa si esibiva nel Teatro Comunale della sua città . . . ebbe molto successo ed ora è entrata a far parte del corpo di ballo di una compagnia di riviste di Venezia. Sono sicura che diventerà presto una ballerina di grido.

Luisella Perché non andiamo a trovarla?

Marta Volentieri, ma aspettiamo anche Claudio: mi sembra che sia uscito adesso dall'acqua.

Luisella Sí, è proprio lui: sta arrivando di corsa.

Marta Tutto trafelato . . . ma senza stelle marine.

Claudio Mi passi l'asciugamano, Marta, per favore?

Marta Prendi, te lo tiro.

Claudio Grazie.

Marta Luisella desidererebbe tanto rivedere Giuliana. Avete voglia di venire con noi?

Ugo e Claudio Certo, andiamo.

1. *Vedrai che non starà molto ad arrivare* – You'll see that she won't be long in coming.
2. *Potevi farne a meno* – You needn't have done so.
3. *Fatto sta che* – The fact remains that.
4. *Credete che la polizia possa farmi delle storie* – Do you think the police might make trouble for me.
5. *Ma scherzi davvero* – You're joking, aren't you?
6. *Neanche per sogno* – Don't you believe it!
7. *Ma poi è risultato che* – But then it turned out that.
8. *Questo costume ti sta alla perfezione* – That costume suits you perfectly.
9. *A metà carena* – Half-way up the hull.
10. *Ti ha attaccato un bottone* – He buttonholed you.
11. *Chissà che non torni con qualche stella marina* – Who knows whether I won't come back with a starfish.
12. *Si esibiva nel Teatro Comunale* – She was appearing at the Teatro Comunale.

IN CERCA DI UNA PENSIONE

PERSONAGGI

Isa e Lido, colleghi d'ufficio
Signora Fabbri, proprietaria di pensione
Portiere d'albergo

Lido Accomodati nell'atrio, Isa. Deposito la chiave in portineria e ti raggiungo subito.

Isa Credi che pioverà, Lido?

Lido È un brutto tempo, faresti bene a prendere l'ombrello anche tu. I contadini del mio paese hanno un detto: "Cielo a pecorelle, acqua a catinelle."

Isa Bene. Salgo e prendo l'impermeabile. La buona stagione è durata davvero poco quest'anno.

Lido Ecco, portiere.

Portiere Grazie. Il signore vorrà scusarmi, ma come certamente ricorda, noi le dicemmo che a causa di precedenti impegni la stanza non sarebbe potuta rimanere a sua disposizione per molto tempo.

Lido Ricordo benissimo. Adesso la mia collega ed io andiamo appunto a vedere un'altra pensione. La direttrice mi ha detto poco fa per telefono che ha ancora alcune stanze disponibili: se ci accordiamo sul prezzo, lasceremo l'albergo tra un giorno o due.

Portiere Ad ogni modo possiamo essere sicuri che per il 12 corrente al piú tardi la stanza sarà libera?

Lido Stia tranquillo: per quella data, in un modo o in un altro, avremo certamente trovato da sistemarci.

Portiere Bene, grazie infinite, Dottor Cavallacci, e mi perdoni l'indiscrezione.

Isa Sei pronto, Lido?

Lido Sí, andiamo pure.

Isa Prendiamo il filobus?

Lido Oh no, sarebbe un'inutile perdita di tempo. Via San Donnino è a poco piú di due passi da qui, e so benissimo come arrivarci.

Isa Tu conosci bene questa città?

Lido Abbastanza. Fino a qualche anno fa vi venivo regolarmente, ogni due o tre mesi . . .

Isa A trovare dei parenti?

Lido Sí, un mio zio, che poi si è trasferito nel Meridione con tutta la sua famiglia.

Isa E adesso sei contento di stabilirti qui come impiegato statale?

Lido Con tutta franchezza non me ne dispiace. E a te?

25

Isa Io avrei preferito una grande città, piena di vita e di movimento, ma sono ancora impiegata in prova e non potevo pretendere che mi mandassero subito a Milano o a Torino.

Lido Io ho sempre vissuto in grandi città fin da ragazzo, e credi a me, le grandi città hanno anche tanti svantaggi. Adesso preferisco una città piccola, dove non ci sia troppo traffico e troppo rumore, e dove la notte si possa dormire in pace, senza essere continuamente disturbati dal frastuono dei motorscooters.

Isa Non intendevo naturalmente lamentarmi della sede a cui mi hanno destinata. Mi considero già piú che fortunata per aver vinto il concorso la prima volta che mi sono presentata.

Lido Rallegramenti, Isa.

Isa È stato un caso, non credere . . .

Lido Siamo arrivati: 'Pensione Fabbri: Terzo Piano'. Non c'è ascensore, Isa. Le scale sono in fondo al corridoio.

Isa Hai chiesto niente dei prezzi?

Lido No, ma alcuni miei amici che sono già stati in questa pensione mi hanno assicurato che la signora pratica prezzi piú che ragionevoli.

Isa Ad ogni modo ora sentiamo.

Lido In generale, come hai trovato il costo della vita in questa cittadina?

Isa Piú alto di quanto avrei pensato. A proposito, è vero che il Ministero si è finalmente deciso ad aumentare la contingenza per questa piazza?

Lido La richiesta è stata fatta da tempo, ma non si sa ancora se e quando verrà accettata. È bene non essere troppo ottimisti in ogni caso.

Isa Eccoci al terzo piano. Di qui, Lido?

Lido Sí, entriamo.

* * *

Sig.ra Fabbri Buongiorno, signori.

Lido Buon giorno, lei è la Signora Fabbri?

Sig.ra Fabbri Sí, sono io. Lei è il Dottor Cavallacci, suppongo, quello che mi ha telefonato stamattina dall'Albergo Centrale?

Lido Esattamente, signora.

Sig.ra Fabbri Come le ho detto per telefono, ho ancora alcune stanze libere. Desiderano vederle subito?

Isa Sí, grazie.

Sig.ra Fabbri Allora mi seguano, prego. Ecco, questa stanza, con vista sul giardino, è forse la migliore di tutta la pensione. Sempre esposta al sole, ha un telefono proprio, riscaldamento a termosifone, acqua calda e fredda in ogni stagione e bagno separato.

26

Lido Davvero eccellente. Cosa ne pensi, Isa?

Isa Io preferirei una stanza piú piccola e piú intima.

Lido Per me, invece, questa stanza andrebbe molto bene. Avrei spazio piú che sufficiente per sistemare tutti i miei libri . . . Lei, signora, potrebbe eventualmente mettere una scrivania al posto di quel mobile davanti alla finestra?

Sig.ra Fabbri Certo, non ha che da chiedermelo.

Lido E suppongo che non avrà obiezioni se io porto un radio-grammofono.

Sig.ra Fabbri Certamente no, a condizione però che non ne faccia uso dopo le undici di sera.

Lido Quanto a questo non si preoccupi: a me piace alzarmi di buon'ora e andare a letto presto la sera.

Sig.ra Fabbri E adesso, se vogliamo vedere la camera che pensavo di offrire alla signorina . . .

Isa Sí, grazie, signora.

Sig.ra Fabbri È qua lungo il corridoio a sinistra. Se non sono indiscreta, posso chiedere dove lavorano?

Isa Lavoriamo in Via Nuova. Siamo tutti e due impiegati della Previdenza Sociale.

Sig.ra Fabbri È un po' lontana di qui, ma c'è un filobus che si ferma quasi sotto la nostra porta e che li scende proprio davanti all'ufficio. – Ecco la stanza, signorina.

Isa Graziosa, mi piace molto.

Sig.ra Fabbri Come vede, non è grande, però è molto comoda: qui ha anche un armadio a muro dove può mettere tutta la sua biancheria e i suoi abiti. E se le fa piacere metteremo una poltrona a sdraio o una sedia in piú, e un tavolino al posto dello scrittoio.

Isa No, grazie, mi sembra che questa stanza vada bene cosí com'è.

Sig.ra Fabbri Hanno intenzione di trattenersi a lungo in questa città?

Isa Non dipende da noi, signora. Siamo sempre sottoposti a trasferimenti, ma è probabile che si rimanga qui per parecchi mesi e forse anche per qualche anno.

Sig.ra Fabbri Spero che vi ci troverete bene.

Lido Adesso, signora, parliamo dei prezzi. Ci vuol dire quanto costano di affitto le due stanze che ci ha mostrato?

Sig.ra Fabbri La sua stanza, dottore, va sulle 18.000 lire mensili: l'elettricità è inclusa, ma naturalmente il telefono e il riscaldamento sono a parte. La stanza della signorina è meno costosa: l'affittiamo di solito a 14.000 lire, ma trattandosi di un periodo piuttosto lungo si può far dodici.

Lido Scusi, signora: il servizio?

Sig.ra Fabbri Il servizio è compreso. La tassa di soggiorno sarà invece a loro carico, ma è pochissimo.

27

Isa Cosa pensi dei prezzi?

Lido Non mi sembrano eccessivi, è piú o meno quello che mi aspettavo. E tu come li trovi?

Isa Molto buoni. Io direi di accettare senz'altro.

Sig.ra Fabbri E per la biancheria non si debbono preoccupare: abbiamo delle donne che vengono a ritirarla tre volte la settimana e fanno un servizio eccellente, ad un costo piú che moderato.

Lido E quanto ai pasti che prezzi fa?

Sig.ra Fabbri Colazione, pranzo e cena sono milleduecento lire. Nel nostro menu è compreso anche un quarto di vino, frutta, formaggio e caffè.

Isa Noi veramente preferiremmo fare il pranzo fuori, dato che il nostro ufficio è piuttosto lontano e non abbiamo molto tempo a disposizione.

Sig.ra Fabbri Allora per la prima colazione e la cena facciamo ottocento lire. Credo che possano essere contenti.

Lido Accettiamo?

Isa Oh sí, questa pensione è di gran lunga la migliore fra tutte quelle che abbiamo visto finora.

Lido Va bene, signora: le due camere stanno per noi. Quando possiamo venire?

Sig.ra Fabbri Io le faccio preparare per domani; poi, un giorno prima o dopo . . . saranno sempre benvenuti.

Isa Non credi che sarebbe bene lasciare un acconto, Lido?

Lido Sí, certo. Quanto lasciamo di anticipo, Signora Fabbri?

Sig.ra Fabbri Oh, niente. Loro mi sono stati mandati dal Dottor Bresciani, mio cliente da tanti anni . . . sarebbe una mancanza di fiducia anche nei suoi confronti.

Lido Quand'è cosí, grazie infinite.

Sig.ra Fabbri Grazie a loro.

Isa Arrivederla, signora.

Lido Le telefoneremo nel corso della serata per dirle se veniamo domani o dopo domani.

Sig.ra Fabbri D'accordo, buon giorno.

Lido Cosa facciamo adesso, Isa?

Isa Io debbo comprarmi delle calze e dei fazzoletti. Poi pensavo di andare un po' in giro per la città. Volevo vedere il Teatro Romano e il Duomo . . . ma ha cominciato a piovere: forse è meglio tornare all'albergo.

Lido Anch'io preferirei. Ho parecchia corrispondenza da sbrigare (pensa che non ho ancora risposto a delle lettere ricevute cinque o sei mesi fa) e se non approfitto di queste ultime giornate che ho libere . . .

Isa Quando riprendi servizio?

Lido Lunedì della settimana prossima. E tu?

Isa Non so ancora con esattezza. Domani vado a presentarmi al Direttore, e mi fisserà lui la data.

Lido Usciamo, o aspettiamo che smetta di piovere?

Isa È una pioggia leggera. Usciamo.

1. *Cielo a pecorelle, acqua a catinelle* – Mackerel sky, never long dry.
2. *Con tutta franchezza* – Quite frankly, in all honesty.
3. *Per aver vinto il concorso la prima volta che mi sono presentata* – To have been accepted the first time I took the exam.
4. *Rallegramenti* – Congratulations.
5. *È stato un caso* – It was just luck.
6. *La contingenza per questa piazza* – The allowance for this place; the local allowance.
7. *Che li scende proprio davanti all'ufficio* – Signora Fabbri is being very formal and uses the third person plural in talking to her new guests.
8. *La sua stanza, dottore, va sulle 18.000 lire mensili* – The rent of your room comes to 18.000 lire per month.
9. *La tassa di soggiorno* – In Italy there is a tax on hotel bills for each day of the stay.
10. *È a loro carico* – It is your responsibility.
11. *Un giorno prima o dopo* – A day either way.
12. *Sarebbe una mancanza di fiducia anche nei suoi confronti* – It would show a lack of confidence in him.
13. *Quand'è così* – In that case, if that is so.

PROGRAMMI PER LA MATTINA

PERSONAGGI

Tina e Franco, madre e figlio
Marcella, nipote di Tina
Luigi, giardiniere

Tina Sbrigati, Franco, ho un appuntamento con la sarta per le dieci, e sono già le nove e venti passate.

Franco Sarò pronto in un momento, mamma. Ho solo da lucidarmi le scarpe. Marcella è già scesa?

Tina Sí, è scesa da un pezzo, ma adesso è fuori: dev'essere andata a comprare il giornale. Volevi qualcosa?

Franco Volevo chiederle di stirarmi i pantaloni, che mi sembra abbiano perso un po' la piega.

Tina Dalli a me, lo farò io.

Franco Eccoli, mamma, basta un colpo di ferro in fretta e furia.

Tina Tu hai parlato a lungo ieri sera con Marcella: ti ha detto cosa ha poi deciso di fare?

Franco Credo che interromperà gli studi e cercherà un lavoro qui a Milano.

Tina Tu sei convinto che faccia bene?

Franco Non so cosa dirti, ma penso che la sua decisione di abbandonare la famiglia sia irremovibile, ed io non saprei proprio darle tutti i torti. Vivere con la matrigna sta diventando per lei sempre piú difficile . . .

Tina Non esageriamo, Franco. Il vero motivo è un altro: Marcella è una ragazza molto ambiziosa, come ti sarai accorto anche tu, e non vuole rassegnarsi a vivere in uno sperduto paese di provincia, come ha fatto finora . . .

Franco Io sono convinto che Marcella sa quello che fa, e soprattutto sa ciò che vuole. Tu, mamma, non dovresti ostacolarla.

Tina Io rimango sempre della stessa idea: dovrebbe iscriversi all' università e prendere una laurea. Suo padre, ne sono sicura, sarebbe disposto a passarle tutto il denaro necessario.

Franco Lui ne sarebbe addirittura felice, ma credo che ormai ci sia poco o niente da fare. Marcella vuol rendersi del tutto indipendente da suo padre, a qualunque costo. E penso che anche tu le daresti ragione, se conoscessi meglio la sua matrigna.

Tina Cambiamo argomento, Franco. Sento dei passi sul marciapiede: dev'essere Marcella che ritorna.

Franco Posso prendere i pantaloni, mamma?

Tina Prendili pure, sono pronti. Suona il telefono; rispondi tu, per favore. Io intanto vado ad aprire la porta.

Marcella Scusami se sono rimasta fuori piú del previsto, zia. Strada facendo, ho incontrato una mia vecchia compagna di scuola che tu pure hai conosciuto . . .

Tina Chi è?

Marcella Francesca. Te la ricordi . . . quella ragazza che era da noi a Castelvecchio l'anno scorso, quando anche tu venisti a trovarci in occasione del mio compleanno.

Tina La ricordo molto bene: bionda, slanciata, simpaticissima . . . ti regalò dei dischi di Vivaldi, mi sembra.

Marcella Sí, proprio lei.

Tina Vive a Milano, adesso?

Marcella No, è venuta solo per vedere un suo fratello che è qui militare, e ripartirà fra pochi giorni. Avevamo tante cose da raccontarci, e ci siamo messe a chiacchierare un po' dei nostri comuni amici di Castelvecchio.

Tina La rivedrei molto volentieri. Invitala una sera qui da noi: le prepareremo una buona cena. Ti sei fatta lasciare l'indirizzo?

Marcella Ho il suo numero di telefono e debbo chiamarla domani in giornata.

Tina Benissimo, quando le telefoni, dille di venire da noi, non te lo dimenticare. Scegli tu un giorno della settimana prossima: per me va sempre bene.

Marcella Lo farò con piacere, zia. Francesca mi ha anche parlato dell'ultima rivista di Rascel, quella che è stata data in anteprima qui a Milano qualche giorno fa.

Tina Sembra che faccia furori, ed anche i giornali ne parlano molto bene.

Marcella Francesca ed io difatti abbiamo deciso di andarla a vedere insieme a suo fratello, se gli danno il permesso. – Buon giorno, Franco.

Franco Buon giorno, Marcella. Se ho ben capito, stavi parlando della rivista di Rascel. Quando andrai a vederla?

Marcella Una delle prossime sere, ma non so ancora con precisione. La mia amica . . .

Franco Posso venire anch'io con voi o sarei di troppo?

Marcella Al contrario, pensavo proprio di proportelo io.

Franco Quand'è cosí, accetto volentieri.

Marcella Francesca va domani a prendere i biglietti; le dirò che ne prenda quattro. Naturalmente noi non andiamo in posti costosi: non sarà il loggione, ma nemmeno un palco di proscenio.

Franco E nemmeno una delle prime file, spero.

Marcella Certamente no. Ci sono troppi capelli bianchi nelle prime file ad una rivista di Rascel.

Tina Chi era al telefono, Franco?

Franco Il giardiniere, mamma: ha detto che sarà qui tra qualche minuto.

Tina Oh, Dio mio, chi rimane in casa ad aspettarlo?

Franco Lo aspetterò io, non preoccuparti.

Tina E alla banca quando vai?

Franco Oh, anche se arrivo verso le 11.30 o mezzogiorno va benissimo.

* * *

Tina È ora che usciamo, Marcella. Sei pronta?

Marcella Se non ti dispiace, zia, vorrei prima salire un momento a mettermi un po' di rossetto sulle labbra e dare un colpo di pettine ai capelli.

Tina Ho capito. Anche stamani arriverò in ritardo dalla sarta.

Marcella È questione di un minuto, zia, ti assicuro.

Tina Va bene, va bene. Quanto manca alle dieci, Franco?

Franco Io faccio le dieci meno un quarto, ma può darsi che sia qualche minuto addietro: se tieni ad essere puntuale, ti converrebbe prendere un tassì.

Tina Oh no! Col traffico che c'è oggigiorno per le strade si arriva prima a piedi che col tassì, soprattutto in un'ora di punta come questa. Andrò a piedi, e le telefono per informarla che sarò un po' in ritardo. Tu intanto, Franco, dà una voce a Marcella e dille che si sbrighi.

Franco A che punto sei, Marcella? Fa presto. La mamma sta andando sulle furie.

Marcella Entra pure, Franco, sono pronta.

Franco Vedo che ti sei anche cambiata d'abito, come mai?

Marcella Vado a presentarmi per un'intervista: c'è un posto che sembra faccia proprio al caso mio.

Franco Che posto è?

Marcella Ecco, leggi questa inserzione sul giornale di stamani.

Franco "Ditta importatrice cerca esperta steno-dattilografa, 21–28 anni, possibilmente con buona conoscenza di tedesco, disposta assumere lavoro subito—40 ore settimanali e 30 giorni di ferie— ottima retribuzione. Presentarsi per l'intervista dalle 10 alle 12 qualsiasi mattina. Referenze."

Marcella Cosa te ne sembra?

Franco Sarebbe un buon inizio. Tanti auguri, Marcella.

Marcella Grazie, speriamo che la fortuna mi assista.

Franco Ecco la mamma. Hai parlato con la sarta?

Tina Sí, è libera fino a mezzogiorno, ma mi ha detto di andare il piú presto possibile. Qualcuno ha suonato, mi sembra.

Franco Dev'essere il giardiniere, vado io.

32

Tina Noi usciamo, Franco. Cos'altro hai da fare stamani, dopo che sei stato alla banca?

Franco Se ottengo il prestito, vorrei anche andare a firmare il contratto per l'acquisto della macchina, ma posso farlo dopo pranzo.

Tina In ogni modo ci rivedremo tutti e tre all'una e mezza al ristorante La Palma d'Arabia.

Franco D'accordo. Ciao, mamma. In bocca al lupo, Marcella.

Luigi Buon giorno, dottore. Io sono Luigi, il giardiniere.

Franco Buon giorno, Luigi. Venga, le mostro subito il giardino, perché non ho molto tempo. Credo che la mamma le abbia già detto come noi intendiamo sistemarlo. Lei dovrebbe prima di tutto togliere lo steccato lungo la strada e preparare il terreno per piantarvi una siepe di mortella.

Luigi Benissimo, dottore.

Franco Poi, se ha tempo, dovrebbe segare l'erba e togliere tutti gli sterpi. Nella parte alta vorremmo mettere alberi da frutto, e piú in basso alberi da giardino: una magnolia, un oleandro, e forse un mandorlo.

Luigi La signora mi ha parlato anche di una vasca per pesci: dove vuole costruirla?

Franco Laggiú in fondo, davanti a quella piccola serra.

Luigi Ma non è un po' troppo vicina alla cucina?

Franco A questo non avevo pensato, ma lei ha certamente ragione. Costruire una vasca in quel punto significa avere la casa invasa da mosche e zanzare per tutta l'estate.

Luigi Secondo me il posto ideale per una vasca da pesci è quell'angolo in alto alla sua sinistra, dove c'è adesso una roccia artificiale.

Franco E cosa si potrebbe fare allora nel ripiano di fianco alla cucina?

Luigi Il terreno, cosí esposto al sole com'è, sarebbe particolarmente adatto per orto; ci può coltivare cavoli, carciofi, porri, quasi ogni specie di verdura.

Franco Accetto senz'altro il suo suggerimento. Adesso debbo andare, altrimenti rischio di arrivar tardi ad un appuntamento importante.

Luigi Scusi, dottore, non mi ha detto dove sono gli attrezzi. Per il momento avrei bisogno di una vanga, una marra e una falciatrice.

Franco Venga con me, sono quaggiú sotto la tettoia. Quanto tempo pensa che le occorrerà per sistemare tutto il giardino?

Luigi Non piú di una diecina di giorni.

Franco Benissimo. Ci rivedremo stasera o domani. Arrivederla. Buon lavoro.

Luigi Arrivederla, dottore. Grazie.

---

1. *Io non saprei proprio darle tutti i torti* – I can't say I think she is entirely wrong.
2. *Io rimango sempre della stessa idea* – I am still of the same opinion.

3. *Cambiamo argomento* – Let's change the subject.
4. *Che è qui militare* – Who is doing his military service here.
5. *Ti sei fatto lasciare l'indirizzo?* – Did you get the address?
6. *L'ultima rivista di Rascel* – Rascel is a very popular Italian comic who stars in revues.
7. *Darsi un colpo di pettine* – To run a comb through one's hair.
8. *Se tieni ad essere puntuale* – If you are anxious to be punctual.
9. *Dà una voce a Marcella* – Call Marcella.
10. *La mamma sta andando sulle furie* – Mother is getting very cross.
11. *In bocca al lupo* – Good luck.

APPUNTAMENTO AL RISTORANTE

PERSONAGGI

Tina e Franco, madre e figlio
Marcella, nipote di Tina
Cameriere

Tina Ciao, Marcella. È molto che sei arrivata?

Marcella Appena cinque minuti, zia. Accomodati.

Tina Cosa stai facendo?

Marcella Approfittavo di questo ritaglio di tempo per scrivere una lettera a mio padre, e dirgli che mi sistemerò definitivamente a Milano.

Tina Allora hai buone notizie?

Marcella Sí, ottime, ma prima raccontami della tua visita alla sarta.

Tina Ne parleremo dopo. Continua pure a scrivere la tua lettera.

Marcella Grazie, zia, ma è una lettera lunga e piuttosto difficile, e preferisco finirla a casa stasera, a mente calma. Dimmi invece: che abito ti fai fare?

Tina È un abito a due pezzi da mezza sera; ed è da portarsi con un foulard di seta.

Marcella Di che colore è?

Tina Un blù molto sobrio, il mio colore preferito . . .

Marcella E la prova andava bene?

Tina Sí, ne sono rimasta contenta: c'è solo da restringerlo sulle spalle e da allungare un pochino la gonna.

Marcella Ma tu non sai, zia, che oggi stanno tornando di moda le gonne corte?

Tina Sí, è vero, ma io sono una donna un po' all'antica, almeno per certe cose. Le maniche invece le ho volute a tre quarti, come usa oggi. È un modello di linea francese, credo che ti piacerà.

Cameriere Le signore hanno ordinato?

Tina Non ancora. Vuol darci il menu, per favore?

Cameriere Ecco, signora . . . signorina.

Marcella Non aspettiamo Franco, zia? Dovrebbe essere qui a momenti. L'ho incontrato per strada poco fa, e mi ha detto che aveva solo da fare una telefonata.

Tina Preferirei ordinare subito. Ho molte commissioni da fare nel pomeriggio, e volevo anzi chiederti se dopo colazione tu fossi disposta a venire con me.

Marcella Con piacere, zia.

Tina Dovrei comprare una borsa e un cappello che si intoni con l'abito, e sarei contenta se tu mi aiutassi nella scelta.

Cameriere Allora le signore desiderano?

Tina Per me pasta in brodo e una bistecchina ai ferri con spinaci lessi. – E tu, Marcella?

Marcella Io invece prenderò un consommé di pollo e una cotoletta d'agnello con insalata verde.

Tina Abbiamo piuttosto fretta, cameriere. Potrebbe . . .

Cameriere Certo, signora, servirò subito. Vogliono del vino?

Tina No, grazie, solo una bottiglia d'acqua minerale.

Franco Ciao, mamma. – A te, Marcella, come è andata l'intervista? A giudicare dalla faccia si direbbe molto bene.

Marcella Di fatti ho trovato un posto. Sono stata assunta come segretaria in prova per tre mesi.

Tina Quando comincerai a lavorare?

Marcella Lunedì della settimana prossima. È stato un gran colpo di fortuna, non credevo proprio di trovare un lavoro cosí presto.

Franco E di che lavoro si tratta, Marcella?

Marcella Ti ricordi quell'inserzione sul giornale di stamani che ti ho fatto leggere a casa prima di partire? Ebbene, appena vi ho lasciati, sono andata subito a presentarmi a quella ditta ed effettivamente io ero proprio la persona che faceva per loro.

Tina In che cosa è consistita la prova?

Marcella Oh, niente di molto difficile. Prima abbiamo avuto una conversazione assai lunga di carattere molto generale. Poi ho dovuto fare una prova di stenografia e di dattilografia, e infine una traduzione.

Franco E tutto è andato bene?

Marcella Sí, tutto è andato molto bene, e hanno deciso di assumermi subito.

Franco Ti hanno detto anche quanto ti daranno di stipendio?

Marcella Mi hanno offerto 85.000 lire mensili, che io naturalmente ho accettato senza discutere.

Franco È davvero ottimo come stipendio iniziale, sai.

Tina Sorprende molto anche me. Non credevo che ti avrebbero offerto tanto. Pensa che una steno-dattilografa in genere prende poco piú della metà.

Franco Come mai ti danno una cifra cosí alta?

Marcella Credo che sia dovuto soprattutto alla mia buona conoscenza di tedesco. È una ditta che ha un grosso giro d'affari con la Germania, ed hanno bisogno di una persona che scriva e parli tedesco correntemente.

Franco E tu sei perfettamente bilingue?

Marcella Quasi. La mia povera mamma, come sai, era nativa di Vienna e a casa ho sempre parlato tedesco con lei, fin da quando ero bambina.

Cameriere Ecco, signora, pasta in brodo per lei e consommé di pollo per la signorina. Il signore vuole ordinare qualcosa?

Franco Sí, mi porti cannelloni alla siciliana e lepre in salmì.

Cameriere Desidera del vino?

Franco Mezzo litro di Barolo, per favore.

*   *   *

Franco Il Direttore della tua ditta, Marcella, che tipo è?

Marcella Un po' pedante ma molto simpatico. Io comunque preferisco aver a che fare con un direttore pedante piuttosto che con uno troppo alla buona.

Tina Sei contenta quindi?

Marcella Abbastanza. Non è proprio il posto che io cercavo, ma bisogna contentarsi: non si può aver sempre tutto ciò che si vuole.

Franco Cos'è che ti piacerebbe veramente fare?

Marcella Lavorare nella pubblicità, ma mi sono già presentata a un paio di ditte e nessuna delle due mi ha assunta. Oggigiorno per riuscire nel campo della pubblicità bisogna essere davvero eccellenti.

Franco Anch'io ho degli amici che sono cartellonisti di talento, e hanno dovuto superare difficoltà di ogni genere prima di affermarsi. Tu hai già pubblicato qualche cartellone, mi sembra?

Tina Certo. Non ricordi quel cartellone che Marcella aveva fatto per una fabbrica di saponi?

Franco Sí, adesso ricordo: un bambino negro che si lavava le mani con quel sapone, e le sue mani diventavano bianche.

Tina Non te la prendere, Marcella. Vedrai che prima o poi riuscirai anche in questo.

Cameriere I signori sono serviti. Per lei, signora, non avevamo piú nè spinaci nè rapini: le abbiamo messo dei fagiolini in erba.

Tina Eccellente, grazie.

Cameriere Ecco olio e aceto. Vuole che condisca io?

Tina No, grazie, faccio io. Mi passi il sale e il pepe, Franco, per favore?

Franco Prendi, mamma.

Marcella E a te com'è andata, Franco?

Franco Anche a me è andata abbastanza bene. Sono stato alla banca e ho avuto un lungo abboccamento col direttore, una persona molto affabile che mi ha concesso senza troppe difficoltà il prestito di cui avevo bisogno.

Marcella Come vi sei riuscito?

Franco Col solito sistema. Io parto dal principio che le banche prestano denaro a chi sa dimostrare di non averne bisogno, e quindi . . .

37

Tina Lascia perdere, Franco. Dì piuttosto che ti ha prestato i soldi perché tu porti il cognome di tuo nonno.

Marcella Cosa c'entra il nonno in quest'affare?

Franco Effettivamente la mamma ha ragione. Mi sono presentato con una lettera del nonno, . . . garantisce lui per me.

Tina Sei poi andato anche a firmare il contratto per l'acquisto della macchina?

Franco No, perché solo domani o dopodomani avrò a disposizione la somma necessaria.

Marcella E quando potrai ritirare la macchina?

Franco Entro una quindicina di giorni, penso.

Tina Permetti un momento, Franco? – Cameriere, prego.

Cameriere Comandi, signora. Desiderano del formaggio?

Tina No, grazie. Ci porti fichi secchi e noci e un po' di frutta fresca assortita. E il conto, per favore.

Cameriere Subito.

Marcella Il caffè non lo prendiamo, zia?

Tina Lo prenderemo fuori. Qui non è molto buono.

Marcella Scusami, Franco. Io non so ancora che tipo di macchina stai comprando: è una utilitaria?

Franco Credo che vorrai scherzare: è una fuori serie ultimo tipo, con una cilindrata di mille e otto, tiene la strada alla perfezione, e in pianura sviluppa facilmente una velocità di 160 chilometri all'ora.

Marcella Sono molto contenta che tu abbia deciso di comprare la macchina. Adesso che mi stabilisco definitivamente a Milano spero che ogni tanto mi porterai un po' in giro.

Franco Volentieri, Marcella, anzi fissiamo subito. La prima domenica che avrò la macchina andremo tutti e tre a fare una gita sui laghi. D'accordo?

Marcella La considero una promessa.

Franco E tu mamma?

Tina Io accetto, ma tu devi promettermi che non andrai a 160 all'ora.

Marcella Non preoccuparti, zia. È vero che Franco ha il pallino della velocità, ma è anche vero che è molto sicuro al volante.

Franco State tranquille: non ci saranno problemi del genere fin tanto che la macchina è in rodaggio.

Tina Marcella, credo che per noi sia ora di andare, adesso. Vedo che Franco ha ancora un po' di tempo prima di finire.

Marcella Tu ci scusi, Franco, se ti lasciamo solo?

Franco Certo, andate pure. Immagino che abbiate molto da fare questo pomeriggio ed io stesso del resto ho diversi impegni. Ci rivedremo a casa stasera.

1. *A mente calma* – In peace and quiet.
2. *Abito a due pezzi da mezza sera* – A two-piece cocktail dress.
3. *Stanno tornando di moda le gonne corte* – Short skirts are coming into fashion again.
4. *Una donna un po' all'antica* – A rather old-fashioned woman.
5. *Dovrebbe essere qui a momenti* – He will be here any moment now.
6. *Io ero proprio la persona che faceva per loro* – I was just the right kind of person for them; the sort of person they were looking for.
7. *Come mai . . .?* – How is it that . . .?
8. *È una ditta che ha un grosso giro d'affari con la Germania* – It is a firm which does a great deal of business with Germany.
9. *Piuttosto che con uno troppo alla buona* – Rather than with one who is too easy going.
10. *Non te la prendere, Marcella* – Don't worry about it, Marcella.
11. *Prima o poi* – Sooner or later.
12. *A chi sa dimostrare di non averne bisogno* – To the man who can show that he doesn't need it.
13. *È una utilitaria?* – Is it a utility model?
14. *Una fuori serie ultimo tipo* – Latest de luxe model.
15. *Franco ha il pallino della velocità* – Franco is speed mad.

SULLA NEVE

PERSONAGGI

Portiere d'albergo
Lucia, Aldo, Emanuela, Alberto

Portiere Buon giorno, signori, si sono divertiti?

Aldo Sí, molto.

Emanuela Ha saputo del nostro amico Paolo?

Portiere No. Cosa gli è successo?

Emanuela È finito in ospedale.

Portiere Me ne dispiace. Si è fatto tanto male?

Emanuela Un po', ma niente di grave, a quanto sembra.

Lucia Forse è solo una lussazione alla gamba: speriamo in bene.

Portiere Come è avvenuto?

Aldo Si stava scendendo in gruppo. La neve era ottima, farinosa, e noi si filava come il vento. Ad un tratto abbiamo trovato una inaspettata zona d'ombra dove la neve era dura come il ghiaccio.

Portiere Oh, Dio mio! E quando loro si sono accorti del pericolo era ormai troppo tardi?

Emanuela Sí. Siamo caduti quasi tutti caprioleggiando per un buon tratto. Noi non ci siamo fatti niente: Paolo invece è stato meno fortunato. Aldo voleva trasportarlo a spalla fino al rifugio . . .

Aldo . . . ma ho dovuto rinunciare: sarebbe stato troppo doloroso per lui.

Emanuela Allora io sono risalita alla seggiovia e da lì ho telefonato al pronto soccorso. Sono venuti subito con una barella, e l'hanno portato direttamente all'ospedale, perché aveva anche delle escoriazioni sulla faccia.

Portiere Dev'essere stato difficile per lei, signorina, risalire fino alla cima. Ricordo che a un certo punto si è sollevata una tempesta di neve piuttosto violenta.

Emanuela Non era un grosso ostacolo. Sono riuscita ad arrivare alla cima in poco piú di mezz'ora.

Lucia Sei stata veramente in gamba, Emanuela. Te ne ringrazio di nuovo.

Emanuela Ti prego, Lucia. – Tu, Aldo, cos'hai fatto quando io ti ho lasciato?

Lucia Oh, Aldo è stato bravissimo: è corso dietro uno degli sci di Paolo e lo ha recuperato sull'orlo di un precipizio.

Emanuela Tu invece, Lucia, sei rimasta a tenere compagnia a Paolo, immagino.

Lucia Sí, e non credevo mai che in quello stato avesse voglia di ridere e di scherzare come ha fatto.

Aldo Vedrai che Paolo se la caverà presto e bene.

Portiere Incidenti di questo genere sono inevitabili in montagna. Proprio la settimana scorsa, in un altro dei nostri alberghi, 500 metri piú in alto di questo, è mancato poco che due sciatori, nostri clienti, non perdessero la vita a causa di una valanga.

Emanuela Sta tranquilla, Lucia. Paolo sarà di nuovo presto qui con noi; sono sicura che è una cosa da nulla.

Aldo Forse non sarà piú in grado di sciare quest'anno, ma potrà almeno stare alla terrazza dell'albergo e godersi al sole gli ultimi giorni di vacanza.

Lucia Adesso io vorrei telefonare all'ospedale per sentire come sta.

Portiere Lo saluti e gli faccia tanti auguri da parte mia, signorina.

Lucia Grazie, non mancherò. Mi vuol dare per favore un gettone e la guida telefonica?

Portiere Si accomodi pure in cabina. La linea è libera, e il numero dell'ospedale è 72.14.

Lucia Ah, vedo che lo sa a memoria.

Portiere Sono ormai molti anni che faccio il portiere in questo albergo.

Lucia Bene, grazie di nuovo. Io vado a telefonare. Voi avviatevi nella stanza di soggiorno: vi raggiungerò subito.

Aldo Vieni, Emanuela: noi intanto prendiamo un aperitivo.

Emanuela Sí, grazie. Guarda, c'è Alberto sulla soglia.

Alberto Salve, ragazzi, come state?

Emanuela e Aldo Bene, grazie.

Aldo Rallegramenti, Alberto. Avete giuocato benissimo ieri: la vittoria della tua squadra è stata piú che meritata.

Emanuela Di che partita state parlando?

Aldo Della partita di hockey su ghiaccio. Tu non vi hai assistito?

Emanuela No, dove l'hanno fatta?

Aldo Sul laghetto dell'albergo, poco distante da qui. E Alberto era il capitano della squadra vincitrice.

Emanuela Complimenti, Alberto.

Alberto Grazie, Emanuela. Allora, per festeggiare l'evento, lasciate offrire a me. Voi cosa prendete?

Emanuela Io un succo di pomodoro.

Aldo E io un Negroni.

Alberto Uno anche per me. Noto che la compagnia non è al completo: ho visto una delle vostre inseparabili amiche che se ne stava andando con un'aria piuttosto preoccupata.

Aldo Sí, è Lucia.

Emanuela Paolo, il suo fidanzato, ha fatto una brutta caduta dalla Cima Nord e adesso è ricoverato in ospedale. Lei sta ora telefonando per sentire cosa hanno detto i medici.

41

Alberto Mi stupisce: Paolo scia da campione, e io non ricordo di averlo mai visto cadere. Mi dispiace tanto. Potremmo andarlo a trovare in macchina oggi stesso. Gli portiamo qualche libro, e, se se la sente, faremo quattro chiacchiere insieme.

* * *

Aldo Quest'anno non ci possiamo davvero lamentare delle nostre vacanze. Abbiamo sempre avuto un tempo stupendo, contrariamente all'anno scorso . . .

Emanuela Oh, non ne parliamo: nevicava quasi ogni giorno, e spesso la nebbia era cosí fitta che non si vedeva ad un braccio di distanza. Ecco Lucia. Non sembra particolarmente preoccupata. – Cosa ti hanno detto, Lucia?

Lucia Ho parlato con una infermiera, la quale mi ha assicurato che non è niente di grave; sembra che l'osso non sia lussato, ma gli faranno i raggi egualmente; e se tutto va bene, lo rimanderanno prima di domenica.

Aldo Ed è su di morale?

Lucia A quanto mi ha detto l'infermiera, è molto sollevato e di buon umore, e si raccomanda che noi non si stia in pensiero per lui.

Emanuela Meno male: immagino che tu ti sentirai piú tranquilla ora, Lucia. Vieni, siediti accanto a me.

Aldo Ti porto il solito aperitivo?

Lucia Sí, grazie, Aldo.

Emanuela Credi che oggi si possa andare a trovar Paolo in ospedale?

Lucia L'infermiera dice che ha bisogno di riposo assoluto e che deve parlare il meno possibile. Io andrò a fargli una brevissima visita verso sera: spero che mi lasceranno passare.

Aldo Bene, beviamo alla salute del nostro amico e al suo prossimo ritorno fra noi.

Emanuela E all'appuntamento del prossimo anno: lo stesso posto, lo stesso albergo, gli stessi amici.

Tutti Cin-cin.

Emanuela È quasi certo che il prossimo anno tu tornerai come Signora Rovelli, non è vero, Lucia?

Lucia Sí, abbiamo fissato le nozze per il settembre.

Alberto Allora un altro brindisi per i futuri sposi. Tanti auguri, Lucia.

Aldo Tu mi sembri un po' triste, Emanuela. Qualcosa che non va?

Emanuela No, è solo la fine delle vacanze. Tra una settimana sarò di nuovo rinchiusa nel mio laboratorio, e fino al prossimo agosto i miei unici divertimenti saranno fiale e lambicchi. Non pensiamoci piú adesso.

Alberto Tu quando parti, Aldo?

Aldo Sabato o domenica al piú tardi.

42

Emanuela E vai subito in Germania?

Aldo No, vado prima a passare qualche settimana in Romagna con i miei.

Alberto Cosa vai a fare in Germania, Aldo?

Aldo Ho ottenuto una borsa di studio di sei mesi: vorrei perfezionarmi in odontoiatria e al mio ritorno spero di aprire un gabinetto per conto mio.

Lucia Non lo sapevo. Rallegramenti, Aldo.

Alberto Io sono il piú sfortunato di tutti: chi si sposa, chi va in Germania a spese dello stato, e chi se ne torna a casa con la Coppa Bellavista.

Emanuela Non prendermi in giro, Alberto. Ho vinto la coppa solo perché la gara era facile e conoscevo la pista molto bene.

Lucia Non far la modesta, Emanuela: sappiamo tutti che sei una ragazza formidabile.

Emanuela Basta, mi avete seccato. Vado in portineria a vedere se è arrivata la posta del mezzogiorno.

Aldo Tu, comunque, perché sei il piú sfortunato di tutti, Alberto?

Alberto Perché, finite le vacanze, devo andare sotto le armi. Ma non parliamo di tristezze. Voi quando tornate a casa, ragazze?

Emanuela Io vorrei partire domenica mattina di buon'ora, per arrivare a casa in serata. Vado in pullmann fino a Bolzano, e poi di lì proseguirò in treno fino a Bologna.

Alberto E tu, Lucia?

Lucia Anche noi avevamo deciso di partire domenica, perché Paolo dovrebbe essere di nuovo in ufficio lunedì mattina, ma se non sta bene rimanderemo la partenza di qualche giorno.

Alberto In questo caso posso portarvi io in macchina fino a Verona.

Lucia Grazie, Alberto. Quanto tempo rimarrai ancora in montagna?

Alberto Almeno fino a mercoledì e forse qualche giorno di piú. Manca ancora un po' di tempo a colazione; cosa facciamo?

Lucia Tutto ciò che volete, ma non continuate la vostra partita a scacchi di ieri sera, vi supplico.

Alberto Quanto a questo sta tranquilla. Eravate cosí seccate tu ed Emanuela che abbiamo deciso di rinunciare. Mi dispiace per la scommessa, ma pazienza.

Aldo Sei ancora sicuro che lo scacco matto sarebbe partito da te?

Alberto Ti prego, Aldo. Lucia ed Emanuela al solo sentir parlare di scacco matto vanno sulle furie.

Lucia Perché non facciamo una partita a carte? Ecco anche Emanuela, siamo in quattro.

Emanuela La faremo dopo colazione. Adesso sta per suonare il gong. Ci sono delle magnifiche trote con una salsa che è una specialità del locale.

Alberto Avviamoci, ragazzi, e dopo colazione penserò io a procurare un mazzo di carte e un fiasco di vino.

1. *A quanto sembra* – So it seems.
2. *Speriamo in bene* – Let's hope for the best.
3. *Una cosa da nulla* – Nothing serious.
4. *Se se la sente, faremo quattro chiacchiere insieme* – If he feels like it, we'll have a chat together.
5. *Che noi non si stia in pensiero per lui* – That we shouldn't worry about him.
6. *Non prendermi in giro* – Don't make fun of me.
7. *Devo andare sotto le armi* – I have to do my military service.
8. *Sei ancora sicuro che lo scacco matto sarebbe partito da te?* – Are you really quite sure that you were in a position to checkmate me?
9. *Al solo sentir parlare di scacco matto* – At the very mention of the word checkmate.

IN FAMIGLIA

PERSONAGGI

Eugenio, dottore
Lori, sua moglie
Mariangela, loro figlia
Signora Finzi

Lori Cosa cerchi tanto affannosamente in questo cassetto, caro?

Eugenio Il verbale dell'ultimo congresso medico. Chissà dove sarà andato a finire?

Lori Guarda che confusione hai fatto; e pensare che misi tutto in ordine cosí bene proprio l'altro ieri.

Eugenio Allora capisco perché stamani non riesco a trovare piú nulla. Ah, con questa pulizia avete messo tutto sottosopra.

Lori Ma fra quindici giorni è Pasqua, e questa è la settimana in cui in tutte le famiglie rispettabili si comincia a fare la pulizia da capo a fondo della casa.

Eugenio Per fortuna Pasqua viene una volta l'anno . . . Aiutami a cercare questo verbale, Lori, fammi la cortesia.

Lori Dev'essere nel cassetto in cui io tengo la mia corrispondenza . . . eccolo, l'ho trovato.

Eugenio Sia ringraziato il cielo!

Lori Quanto tempo rimarrai fuori casa, Eugenio?

Eugenio I lavori del congresso dureranno tre giorni, ma può darsi che io mi trattenga piú a lungo. Sarò comunque di ritorno entro la fine della settimana.

Lori Stamani farai colazione con noi?

Eugenio No, cara, non posso. Alle undici debbo vedere un collega col quale vorrei discutere alcuni punti della mia relazione prima di partire.

Lori A che ora hai il treno esattamente?

Eugenio Alle due e tre quarti. Perché me lo chiedi?

Lori Perché pensavo di venirti a salutare alla stazione.

Eugenio Ti prego, Lori, non uscire di casa con questo brutto tempo. Potresti prendere un malanno.

Mariangela Permesso?

Eugenio Entra pure, Mariangela. Volevi qualcosa?

Mariangela Sí, volevo chiedere alla mamma cosa ha deciso a proposito . . .

Lori Prima di tutto devo dirti che non mi piace affatto che tu torni a casa tanto tardi, come hai fatto la notte passata. Tuo padre . . .

Mariangela Per favore, mamma, ascoltami.

Lori Non interrompermi. Sono piú che mai convinta che tuo padre ha fatto un grosso sbaglio a darti le chiavi di casa. Dove sei stata fino a quell'ora? Ricordati che hai poco piú di diciott'anni. Ai miei tempi le ragazze . . .

Mariangela Sí, ai tuoi tempi le ragazze non uscivano mai sole di casa nemmeno quando erano fidanzate, e rientravano sempre prima delle otto di sera.

Lori E il mondo andava avanti molto meglio di adesso.

Mariangela Ma ora non è piú cosí, mamma. E poi, se vuoi sapere cosa ho fatto, ecco: sono andata al Cinema Leoni con Maria Grazia ed Enrico, e dopo siamo passati tutti e tre dalla Perla del Bosco a fare quattro salti.

Lori E cosí sei tornata a casa all'una di notte; e non contenta di questo sei rimasta davanti alla porta di casa a parlare per piú di mezz'ora con la persona che ti aveva accompagnato. Ad ogni modo, cosa volevi sapere?

Mariangela Volevo chiederti cosa hai poi deciso di fare per quel ricevimento di domani sera. Claudia e i suoi genitori sarebbero tanto contenti se vi andassimo.

Lori Io vi andrei molto volentieri, ma abitano cosí lontano, e non vedo come potremmo ritornare a casa.

Mariangela Quanto a questo non preoccuparti, mamma. Anche i Signori Nazzari, nostri vicini, sono stati invitati: vi andranno in macchina e si sono offerti di darci un passaggio, nel caso che il babbo non potesse venire.

Lori Quand'è cosí, andiamo senz'altro.

Eugenio Mi sembra che abbia suonato il telefono. Vuoi andare tu, Mariangela?

Mariangela Sí, papà, vado subito.

Eugenio Scusami se ti contraddico, cara, ma qualche volta tu sei forse un po' troppo severa con Mariangela.

Lori Come dovrei comportarmi secondo te? Dovrei lasciarle fare tutto ciò che vuole? E stare zitta quando lei torna all'una di notte e rimane per mezz'ora a parlare con Enrico davanti alla porta di casa?

Eugenio Francamente io non ci trovo niente di male: Enrico è un bravissimo ragazzo, e anche tu lo conosci da un pezzo.

Lori Va bene, va bene, Eugenio.

Mariangela È la Signora Finzi, mamma. Chiede se può venire stamani a farti visita. Cosa le dico?

Lori Vado io. Tu aiuta il babbo a fare le valige.

Eugenio È tutto fatto ormai, grazie.

Mariangela Quando leggerai la tua relazione, papà?

Eugenio Domani l'altro, se non ci saranno cambiamenti di programma all'ultimo momento.

46

Mariangela Allora perché vuoi partire quest'oggi?

Eugenio Tengo molto ad essere presente alla seduta inaugurale che avrà luogo domani mattina. So che vogliono conferirmi una onorificenza.

Mariangela Rallegramenti, papà.

Lori La Signora Finzi sarà qui tra poco, e avrebbe desiderato molto vederci tutti quanti.

Eugenio Mi dispiace. L'avrei rivista tanto volentieri anch'io, ma non posso proprio aspettarla. Debbo partire subito, altrimenti rischio di arrivar tardi all'appuntamento. Arrivederci, cara.

Lori Arrivederci, Eugenio. Manda un telegramma per informarci quando ritorni.

Eugenio A presto, Mariangela.

Mariangela Buon viaggio, papà, e tanti auguri.

*   *   *

Lori Oh, Signora Finzi, che piacere rivederla. Come sta?

Sig.ra Finzi Molto bene, grazie. E lei?

Lori Bene anch'io, grazie. Entri, la prego. Accomodiamoci in salotto. Peccato che non possa trattenersi a pranzo da noi.

Sig.ra Finzi Lei è stata molto gentile ad invitarmi, ma come le ho detto poc'anzi per telefono vengo solo per una breve visita d'addio.

Lori Quando parte, signora?

Sig.ra Finzi Nel corso della prossima settimana.

Lori E si stabilirà in campagna in modo definitivo?

Sig.ra Finzi Non precisamente, Lori. Lasceremo la nostra casa di città, che ormai è divenuta troppo grande per noi, ma abbiamo deciso di prendere in affitto un piccolo appartamento nel centro, tanto per avere un pied-à-terre quando si capita in città.

Lori È contenta di andarsene da Milano?

Sig.ra Finzi Tutto considerato, sí. Naturalmente vedremo i nostri amici piú di rado, non si potrà piú andare a teatro tanto spesso, ma nel complesso sia mio marito che io preferiamo vivere in campagna anziché in città.

Lori Quanto la invidio, signora. Io invece per alcuni anni ancora dovrò rimanere in città, ma quando mio marito smetterà di lavorare e Mariangela avrà finito gli studi, anche noi ci ritireremo in campagna, o forse in un villaggio di pescatori.

Sig.ra Finzi È stanca anche lei di vivere in città?

Lori Sí, ne sono annoiata e infastidita. C'è ormai troppa gente in giro per le strade: se uno vuol fare una passeggiata, deve andare avanti a forza di spinte in mezzo ad una folla che corre come pazza . . .

Sig.ra Finzi E dove non c'è la folla, c'è il rumore assordante degli autocarri che passano per tutta la giornata sotto le finestre di casa.

47

Lori La città è ormai divenuta una prigione di asfalto. Che vita diversa dev'essere in campagna.

Sig.ra Finzi Veramente molto diversa. Noi ci siamo andati l'altro mese per vedere a che punto erano i lavori e vi abbiamo passato giorni incantevoli. Le assicuro che non vedo l'ora di ritornarvi per sempre.

Lori I lavori sono tutti finiti adesso?

Sig.ra Finzi Non ancora, ma è questione di poco. Ogni cosa dovrebbe essere a posto fra una settimana o due.

Lori Ha dovuto fare tanti cambiamenti?

Sig.ra Finzi Sí, parecchi, anche se ci siamo limitati allo stretto necessario. La villa era stata molto trascurata dall'ultimo padrone, un grosso proprietario terriero della Sicilia, il quale preferiva vivere per lo piú nel suo palazzo di Palermo. Adesso però, con tutti i lavori che vi abbiamo fatto, è completamente rimessa a nuovo. Posso invitarla fin da ora a venire qualche giorno da noi quando tutto sarà sistemato?

Lori Accetto di cuore, signora, grazie infinite. Tra una settimana partirò per una crociera nel Mediterraneo insieme a mia figlia, ma sarò di nuovo a Milano fra poco piú di un mese.

Sig.ra Finzi Come sta sua figlia? È tanto tempo che non la vedo.

Lori Dev'essere rientrata poco fa. Era uscita per andare all'agenzia a ritirare i biglietti del viaggio. Mi scusi un momento. – Mariangela!

Mariangela Sí, mamma.

Lori Puoi venire un momento qua? C'è la Signora Finzi.

Mariangela Vengo subito . . . Oh! cara signora, che piacevole sorpresa!

Sig.ra Finzi Ti trovo molto bene, Mariangela: allegra come al solito, sempre piú bella . . .

Mariangela Allora è proprio decisa a partire?

Sig.ra Finzi Sí, ma spero che ci rivedremo presto. Ho già invitato la mamma a venire da noi per qualche giorno, ed aspettavo di vederti per estendere l'invito anche a te, se ti fa piacere.

Mariangela Ne sono contentissima.

Lori Hai ritirato i biglietti, Mariangela?

Mariangela Sí, i posti che volevi tu erano esauriti. Dovremo contentarci di una cabina di seconda classe.

Lori Poco male.

Sig.ra Finzi Che itinerario farete?

Mariangela Passeremo la maggior parte del nostro tempo nelle isole Baleari, ma faremo varie soste: a Santa Margherita, in alcune città della costa africana, e finalmente a Capri.

Sig.ra Finzi E da dove comincia la crociera?

Mariangela Da Genova, e finisce a Napoli.

Sig.ra Finzi Meraviglioso. Sono sicura che vi divertirete molto. Vi faccio i miei migliori auguri di buon viaggio e di felice ritorno. Adesso purtroppo debbo partire.

Lori Si trattenga ancora un momento, signora. Intanto Mariangela ci prepara una tazza di caffè.

Mariangela Vado subito.

Sig.ra Finzi Grazie, non vi disturbate. Ho preso un cappuccino poco prima di venire da voi.

Lori Possiamo offrirle un liquore, allora?

Sig.ra Finzi Grazie. Non bevo mai liquori prima del pasto. Arrivederci, Lori. Spero di avervi presto tutte e due mie ospiti in campagna.

Mariangela Molto gentile da parte sua.

Lori Arrivederla, Signora Finzi. Faccia tanti saluti a suo marito da parte nostra.

Sig.ra Finzi Presenterò, grazie. A presto, Mariangela.

Mariangela Buon giorno, signora.

1. *Chissà dove sarà andato a finire?* – Where can it have got to?
2. *In tutte le famiglie rispettabili si comincia a fare la pulizia da capo a fondo della casa* – In all respectable families they start to clear the house from top to bottom.
3. *Fammi la cortesia* – Be an angel.
4. *Sia ringraziato il cielo* – Heaven be praised.
5. *Entro la fine della settimana* – Before the end of the week.
6. *E il mondo andava avanti meglio di adesso* – Things were much better than they are now.
7. *Deve andare avanti a forza di spinte* – One must push one's own way through.
8. *Non ancora, ma è questione di poco* – Not yet, but it will be shortly.
9. *Ci siamo limitati allo stretto necessario* – We have limited ourselves to absolute necessities.
10. *È completamente rimessa a nuovo* – It has been completely renovated.
11. *Accetto di cuore* – I would love to come.

AI GRANDI MAGAZZINI

PERSONAGGI

Signora Nardi e Signora Brunelli
Stefano, figlio della Signora Nardi
Un cameriere e due commessi

Nardi Buon giorno, Signora Brunelli. Che sorpresa trovarla qui.

Brunelli Oh, Signora Nardi, come sta? Quanto tempo è che non ci vediamo! Speravo di incontrarla lunedì sera al ricevimento in casa Mambrini. Peccato che non sia potuta venire.

Nardi Vi sarei venuta molto volentieri, ma nel pomeriggio avevo accompagnato mio marito all'aeroporto, e la sera ero veramente troppo stanca per uscire di nuovo.

Brunelli Mi dispiace, ha perso davvero un bel ricevimento. Continuerei volentieri a parlare un po' con lei; posso accompagnarla per un tratto?

Nardi Con piacere. Io sto andando ai Grandi Magazzini, dove ho un appuntamento con mio figlio.

Brunelli Allora possiamo fare la strada insieme. Anch'io sono diretta lì. C'è la svendita di fine stagione ed ho tante cose da comprare.

Nardi Immagino, con il matrimonio di Elisa cosí vicino . . .

Brunelli Sí, difatti anche lei mi ha incaricato di prenderle alcuni pezzi di biancheria che ha visto in vetrina: non vi può andare da sè perché il suo orario d'ufficio coincide con quello dei negozi.

Nardi Io pure debbo andare in quel reparto: voglio comprare una vestaglia da mattino per regalare a mia nuora.

Brunelli Va a trovare suo figlio, signora?

Nardi Sí, approfitto dell'assenza di mio marito per fare una breve visita a Torino.

Brunelli Quanto tempo è che non vede i suoi nipotini?

Nardi Parecchi mesi. Mi scrivono quasi ogni settimana delle lettere affettuosissime e mi invitano sempre da loro. E naturalmente non posso andare a mani vuote.

Brunelli Ha già pensato che cosa regalare?

Nardi Per Gianpaolo vorrei comprare un maglione, e per Chiarina non so: forse sciarpa, berretto e guanti. Debbo anche portare un dono a mio figlio, e questa volta non vorrei regalargli la solita cravatta.

Brunelli Entriamo, signora, ci consiglieremo a vicenda.

Nardi Da dove cominciamo il giro?

Brunelli Per me è lo stesso, non ho fretta.

Nardi Anch'io ho parecchio tempo a disposizione, stamani. Si può girare un po' dappertutto.

50

Brunelli Volentieri, io però non mi fermerei in questo piano: hanno solo articoli di profumeria . . . impermeabili, ombrelli, tutte cose che non mi interessano.

Nardi Anch'io non ho niente da comprare qui.

Brunelli Allora prendiamo l'ascensore.

Nardi Ecco, signora, ce n'è uno pronto.

Brunelli Prima di tutto io vorrei andare nel reparto elettricità.

Nardi Credo che sia al secondo piano.

Brunelli Una mia cugina che vive in Brianza mi ha incaricato di scegliere un regalo di nozze per Elisa.

Nardi Se le interessa, qui a destra ci sono dei ferri da stiro di ultimo tipo.

Brunelli No, grazie. Elisa ha già un ferro da stiro.

Nardi Cosa vorrebbe comprarle, allora?

Brunelli Sono ancora indecisa tra una bellissima lampada da tavolo, che ho visto giorni fa, e un frullatore elettrico. Ecco, è questa. Cosa ne pensa, Signora Nardi?

Nardi Mi piace moltissimo.

Brunelli La prenderò senz'altro. Mi sembra che si adatti molto bene coi mobili che Elisa ha già comprato.

Nardi Sono sicura che sua cugina approverà la scelta, e che anche Elisa ne rimarrà contentissima.

Brunelli Guardi, signora, c'è suo figlio che la sta cercando.

Stefano Buon giorno, Signora Brunelli. Ciao, mamma.

Brunelli Buon giorno, Stefano.

Nardi Vogliamo salire subito?

Stefano Sí, per piacere. Debbo esser di ritorno in ufficio tra un'ora. Lei ci accompagna, Signora Brunelli?

Brunelli Molto volentieri. Dove sono le confezioni per uomo?

Stefano Al terzo piano: una rampa di scale piú in su.

Nardi Hai già visto qualche abito, Stefano?

Stefano No, sono arrivato in questo momento. E tu hai ancora molti acquisti da fare, mamma?

Nardi Ho appena cominciato e ne avrò per un bel pezzo.

Stefano Cercherò di sbrigarmi il piú possibile, mamma, non voglio farti perdere troppo tempo.

*   *   *

Commesso Buon giorno, in che cosa posso servirla?

Stefano Vorrei un abito confezionato, pesante e di colore scuro.

Commesso Permette che prenda le misure?

Stefano Certo, prego. Vorrei pantaloni con balzane e giacca dello stesso modello di quella che ho indosso.

Commesso Ecco, signore. Vuol provarsi questo, per cortesia?

51

Nardi Signora Brunelli, cosa pensa del colore?

Brunelli Secondo me va bene, è molto di moda oggi.

Commesso E stia tranquilla, signora: non sbiadirà.

Stefano Come mi sta? Mi sembra un po' corto di maniche.

Commesso Questo si rimedia facilmente.

Stefano Che te ne pare, mamma?

Nardi Fa delle grinze sulle spalle e i pantaloni sono troppo stretti. Non pare anche a te? Guardati allo specchio.

Brunelli Non le sta molto bene, Stefano, è vero. Sua madre ha ragione.

Commesso Vuol provarsi questo, signore? È una stoffa inglese, di lana molto pesante.

Stefano Mi sembra che vada assai meglio dell'altro.

Commesso C'è solo da allungare un pochino le maniche.

Nardi Ed anche da stringerlo sulle spalle.

Stefano Quanto costa?

Commesso Trentottomila lire, prezzo di listino.

Stefano Non potrebbe proprio far niente di meno?

Commesso Visto che lei è un nostro vecchio cliente, togliamo tremila lire. È un prezzo veramente di favore.

Stefano Quando posso venire a ritirarlo?

Commesso Fra una settimana, va bene? Se ha molta premura posso naturalmente . . .

Stefano No, no, grazie: va bene fra una settimana.

Commesso Arrivederci, grazie.

Stefano Vedo che è ancora presto: vi posso offrire qualcosa?

Nardi Una buona idea, Stefano.

Brunelli Grazie, accetto volentieri. C'è un caffè-ristorante al piano di sopra. Prendiamo la scala mobile.

Nardi Dovrei chiederti un favore, Stefano.

Stefano Certo, mamma, dimmi.

Nardi Io ho ancora molto da fare: potresti andare tu alla stazione, quando esci dall'ufficio, e prenotarmi un posto sul rapido?

Stefano Credi che sia proprio necessario?

Nardi Oh sí, durante la fine settimana i treni sono cosí affollati che se uno non prenota un posto, rischia di rimanere in piedi per tutto il viaggio.

Cameriere Buon giorno. Desiderano andar fuori sulla terrazza?

Brunelli No, ha cominciato a rinfrescare: preferiamo rimanere dentro.

Cameriere Vogliono accomodarsi a questo tavolo, allora?

Stefano Sí, grazie. Cosa prende, Signora Brunelli?

Brunelli Un cappuccino, grazie.

Nardi Un cappuccino anch'io.

Cameriere Con panna montata?

Nardi È un po' ingrassante, ma mi attira. Facciamo uno strappo?

Brunelli Va bene: due cappuccini con panna.

Stefano A me un espresso, per favore.

Nardi A che ora deve essere di ritorno lei, signora?

Brunelli Oggi posso rimanere fuori fin quando voglio, perché Elisa non torna a casa per la colazione. Deve vedere Eugenio, il suo fidanzato.

Nardi Hanno deciso dove andare in luna di miele?

Brunelli Ne discutevano anche ieri sera . . . mia figlia non è mai stata all'estero e vorrebbe andare a Parigi, possibilmente in aereo. Eugenio invece, che è appassionato di archeologia, vorrebbe andare in Sicilia, facendo un viaggio per mare da Genova a Palermo.

Nardi I ragazzi d'oggigiorno non sono mai contenti. Ai nostri tempi . . .

Stefano Io debbo partire. Volete scusarmi?

Nardi Scendiamo anche noi.

Stefano Mamma, non aspettarmi per la cena: stasera danno un buon film al Pantera e mi interessa vederlo.

Nardi Come si intitola?

Stefano 'Alba di Guernica'. Tutti i critici ne hanno parlato con grande entusiasmo. È un film sulla guerra civile spagnola . . .

Nardi Noi ci fermiamo a questo piano, Stefano.

Stefano Arrivederla, Signora Brunelli. – Ciao, mamma.

Brunelli Guardi, signora, al banco qui alla sua sinistra mi sembra che abbiano proprio ciò che lei cerca.

Commesso La signora desidera?

Nardi Vuol farmi vedere quel maglione, per favore? – Oh, è proprio quello che fa per Gianpaolo: vuole diventare campione di sci come suo padre.

Brunelli Se fossi in lei lo prenderei senz'altro: è molto bello.

Commesso E guardi come è ben rifinito.

Nardi Quanto costa?

Commesso Cinquemila lire, signora.

Nardi Sí, lo prendo. Vuol farmi vedere ora quel vestitino? – Le piace, Signora Brunelli?

Brunelli Moltissimo.

Nardi Quanto costa?

Commesso Dodicimila lire.

Nardi È piú di quanto pensavo di spendere. Preferisco comprare della stoffa a metro.

Commesso Questo jersey sarebbe adatto?

Nardi Preferirei un color rosso fiamma.

Brunelli Guardi questa stoffa scozzese: è ideale per una gonna a pieghe. Perché non la prende?

Commesso Ho anche una giacca di velluto a coste. Le interessa, signora?

Nardi Bellissima. No so proprio piú cosa scegliere. Fortunatamente non ho tanti soldi a mia disposizione, altrimenti farei delle follie. Ho un gran debole per quella nipotina.

Commesso Bene, la signora ha deciso?

Nardi Prendo la stoffa scozzese per la gonna e alcune matasse di lana: le farò un golfino io mentre sarò da loro. È tutto, vuol farmi il conto? . . . Quanto si spende in questi negozi!

Commesso Ecco lo scontrino. Se la signora vuole accomodarsi alla cassa . . . io intanto le preparo il pacco.

Brunelli Signora Nardi, faccia pure con comodo. Io adesso vado qui di fronte a comprare delle sottovesti. Ci rivedremo all'uscita, tra pochi minuti.

Nardi Non la farò aspettare molto.

1. *Ci consiglieremo a vicenda* – We'll advise one another.
2. *Ho appena cominciato e ne avrò per un bel pezzo* – I have hardly started and I shall be some time yet.
3. *In che cosa posso servirla?* – What can I do for you?
4. *Un abito confezionato* – A ready-made suit.
5. *È un prezzo veramente di favore* – It is a special price for you.
6. *Se fossi in lei* – If I were you.
7. *Fortunatamente non ho tanti soldi a mia disposizione, altrimenti farei delle follie* – Fortunately I haven't much money, otherwise I should spend it all.
8. *Ho un gran debole per quella nipotina* – I have a very soft spot for that little niece.
9. *Faccia pure con comodo* – Take your time over it.

A CENA IN CASA DI UN CONTADINO

PERSONAGGI

Cesare, un contadino
Ilaria e Danilo, suoi figli
Anita, sua moglie
Marco, un italiano rimpatriato

Cesare Non avete ancora apparecchiato?

Ilaria No, babbo: lo faccio subito.

Anita È un pezzo che l'orologio della torre ha suonato le sette. Dobbiamo sbrigarci, Ilaria.

Cesare Marco sarà qui a momenti. Vorrei che fosse tutto pronto quando arriva. Dov'è Danilo?

Ilaria Nella stalla, ma dovrebbe aver quasi finito, adesso: aveva solo da mungere e da governare le mucche.

Cesare Io intanto vado in cantina a prendere qualche fiasco di vino.

Ilaria Tu, mamma, hai già visto il Signor Marco?

Anita Sí, ci siamo incontrati per caso domenica mattina. Io andavo alla Messa di mezzogiorno e lui . . . doveva essere stato a caccia: aveva un fucile a tracolla.

Ilaria E adesso cosa intende fare? Rimarrà in Italia per sempre o tornerà in America?

Anita Non gliel'ho chiesto, ma credo che si stabilirà qui definitivamente: so che ha già comprato una casa vicino alle Quattro Mura.

Cesare Ecco il vino. Tu a che punto sei, Ilaria?

Ilaria Ho quasi finito. Debbo solo mettere in tavola i bicchieri e le salviette.

Anita Quando hai fatto, cambia anche l'asciugamano, per favore.

Ilaria Mi sembra che si sia fermata una macchina davanti casa.

Anita Dev'essere Marco. Vuoi andar tu ad aprire, Cesare?

Cesare Entra, entra, Marco. Come stai?

Anita Buona sera, vieni. Questa è Ilaria: non era ancora nata quando tu partisti per l'America.

Marco Piacere, Ilaria.

Ilaria Felicissima, Signor Marco.

Cesare Ecco anche Danilo.

Danilo Buona sera, Signor Marco. Noi ci siamo già conosciuti all'osteria qualche sera fa.

Marco Me lo ricordo bene: abbiamo vinto insieme una bella partita a scopone.

Cesare Avevo invitato a cena anche Armando e Giuseppe, te li ricordi?

Marco Oh benissimo, gli amici coi quali andavamo a fare spuntini e a cantare stornelli quando si era giovanotti.

Cesare Purtroppo dovevano andar fuori per affari e ci raggiungeranno piú tardi, dopo cena.

Marco Li rivedrò molto volentieri.

Danilo Un bicchierino di vin santo, Signor Marco?

Marco Grazie, Danilo.

Danilo Tu, mamma?

Anita Il medico mi ha proibito di bere vino a causa della pressione, ma questa è un'occasione eccezionale. Versalo anche per me.

Cesare Al tuo ritorno fra noi, Marco.

Marco E alla vostra salute!... Squisito questo vino. Quanti anni ha?

Cesare È del 1938, l'anno che tu sei partito per l'America.

Marco È stato un pensiero molto gentile da parte tua, Cesare.

Cesare Tra quanto andremo a cena, Anita?

Anita Porto subito in tavola, accomodatevi pure.

Cesare Vieni, Marco.

Marco Quale è il mio posto?

Cesare Mettiti qui vicino alla finestra, fra Ilaria e me. Non ti aspettare niente di speciale: è una cena molto alla buona . . .

Anita Ho fatto polenta con coniglio alla cacciatora e rapini. Spero che ti piacerà.

Marco Moltissimo, stavo proprio in voglia di polenta, sono anni che non la mangio.

Anita Serviti, Marco. E tu, Danilo, versa il vino, per favore.

Cesare Bene, Marco, come te la passavi in America?

Marco In questi ultimi tempi le cose mi sono cominciate ad andare abbastanza bene. Da principio, però, sia io che mia moglie abbiamo fatto una vita dura: ci sono stati dei periodi in cui si lavorava dodici ore su ventiquattro.

Ilaria Cosa faceva lei, Signor Marco?

Marco Ho cambiato mestiere parecchie volte. Cominciai col far l'autista in un'impresa di autotrasporti. Passati alcuni anni, con i soldi che mia moglie ed io avevamo risparmiato, potei aprire un bar in proprio, e successivamente un locale notturno: ed ora . . .

Cesare Ora sei addirittura proprietario di una catena di alberghi.

Marco Non esagerare. Non sono piú di quattro, e due di questi piuttosto piccoli.

Cesare E chi amministra i tuoi beni?

Marco Fanno quasi tutto i miei figli. Per me è giunto il tempo di ritirarmi dagli affari. Un amico americano, assai piú vecchio di me, al quale chiesi quando avrebbe smesso di lavorare, mi rispose: "Un quarto d'ora dopo che sarò morto." Io non ho affatto intenzione di seguirlo.

Ilaria Ritornerà di nuovo in America, Signor Marco?

Marco Sí, vi dovrò ritornare fra tre o quattro mesi per finir di sistemare alcune faccende, ma una volta che avrò messo tutto a posto, mi stabilirò in Italia definitivamente.

* * *

Anita Ti piace questo coniglio, Marco?

Marco Sí, squisito.

Anita Allora prendine ancora un po', ti prego, non far complimenti; e tu, Danilo, non dimenticare di riempire i bicchieri.

Marco Grazie, Anita, volentieri.

Anita Quali impressioni hai provato al tuo ritorno in paese dopo tutti questi anni di assenza?

Marco Per convenzionale che possa sembrare, la prima è stata un'impressione di tristezza. Ho girato in lungo e in largo, e dovunque facce nuove che non conosco, facce vecchie che non ritrovo. E il paese stesso quanto è cambiato da allora! Invano sono andato a cercare le capanne dei pastori, il viale dei pioppi, il ruscello a piè del colle: ho trovato invece un nuovo tratto di ferrovia, che arriva fino al centro del paese, un lago artificiale, strade asfaltate . . .

Cesare Al tempo stesso però ti sarai anche accorto che le condizioni dei contadini sono molto migliorate rispetto ad anni fa, quando tu partisti per l'America.

Marco Non c'è nessun dubbio su questo. Il tenore di vita è ora molto piú alto di quanto mi sarei aspettato. Ieri sono andato a trovare due miei lontani parenti che abitano a San Colombano; anche voi li conoscete, mi sembra . . .

Danilo Sí, molto bene.

Marco Quando io lasciai l'Italia, guadagnavano a stento quel tanto che permetteva loro di non morire di fame, e vivevano in una casupola per la quale non avreste dato quattro soldi.

Cesare Hai visto che differenza adesso? Una casa moderna, con la luce elettrica, l'acqua corrente, la radio . . .

Marco Non potevo credere ai miei occhi. D'altro lato, malgrado questo maggior benessere generale, si vedono quasi dovunque tanti poderi abbandonati. Come mai?

Cesare È presto detto: oggi nessuno vuol piú fare il contadino. I giovani preferiscono trovare un lavoro in qualche industria: è meno faticoso, e si guadagna di piú.

Marco Tu invece, Danilo, continuerai a fare il contadino?

Danilo In un primo tempo avevo pensato di andare a lavorare in una cartiera, ma poi non ne ho fatto di niente.

Marco Cos'è che ti ha indotto a cambiare idea?

Danilo Credo di aver trovato un'attività piú redditizia e piú congeniale.

Marco Si tratta di qualche commercio?

Danilo No, di una piccola industria. Raccolgo latte dai contadini . . . finora l'ho fatto per conto di una cooperativa, ma adesso mi sto attrezzando in proprio per produrre burro e formaggio. A proposito, babbo, ti sei potuto interessare del furgoncino stamani quando eri in città?

Cesare Sí, sono passato dal commissionario ed ho ultimato tutte le pratiche necessarie. Ti scriveranno loro per dirti quando puoi andare a ritirarlo.

Danilo Quanto hai versato di anticipo?

Cesare Ho lasciato 200.000 lire in contanti ed il resto dovrà venir pagato in rate mensili di 20.000 lire per due anni.

Marco A quanto sento, anche voi ve la passate abbastanza bene adesso.

Anita Non ci si può lamentare.

Marco Ne avevo saputo qualcosa da Orlando, l'amico delle nostre scampagnate domenicali di tanti anni fa.

Cesare Sei andato a trovarlo?

Marco L'ho incontrato qualche sera fa per puro caso. Tornavo dall'osteria, e arrivato sul ponte mi sento chiamare per nome da una voce che non mi sembrava nuova . . . mi volto: era Orlando, seduto sul muricciuolo a fare un'ultima fumata a pipa prima di andare a letto. Lì per lì non l'ho riconosciuto.

Cesare Hai visto in che stato è ridotto?

Marco Sí. Cosa gli è successo?

Anita Tu ricordi sua figlia?

Marco Anna Maria . . . abbastanza bene: una ragazzina con i capelli castani, le trecce lunghe, occhi scuri quasi a mandorla, un po' civettuola . . . doveva avere cinque o sei anni quando io sono partito. Veniva ogni tanto a casa nostra insieme ad una nepote di mia moglie. Che è avvenuto di lei? Sapete niente?

Anita Oh! sappiamo vita, morte e miracoli di lei adesso. Insomma . . . una mattina che suo padre era dovuto andare in città per affari, lei si alza, fa i fagotti e scappa via di casa senza dir niente a nessuno.

Ilaria La verità si è saputa qualche anno dopo. Alcuni giovanotti del paese che avevano fatto il servizio militare a Napoli raccontarono di averla vista di sera passeggiare con una borsa in mano su e giú lungo il muro di cinta di una caserma.

Marco Adesso capisco. Orlando mi portò a casa sua, e mi parlò di sua moglie, morta di leucemia, di suo figlio, che ha un'ottima posizione e di cui lui è molto orgoglioso . . . e quando io gli chiesi notizie di Anna Maria, mi sembrò che gli venissero le lacrime agli occhi.

Anita Hanno bussato. Danilo, vuoi vedere chi è, per favore?

Danilo Saranno certamente Armando e Giuseppe.

Cesare Vado a prendere un altro fiasco di vino.
Anita Io intanto preparo il punch.

1. *Una cena molto alla buona* – A very simple meal.
2. *Coniglio alla cacciatora* – Rabbit cooked with tomato and mushroom.
3. *Per me è giunto il tempo di ritirarmi dagli affari* – The time has come for me to retire from business.
4. *Per convenzionale che possa sembrare* – However conventional it may seem.
5. *Quanto hai versato di anticipo?* – How much did you give in advance?
6. *Sappiamo vita, morte e miracoli di lei adesso* – We know absolutely everything about her now.
7. *Lei si alza, fa i fagotti e scappa via di casa* – She gets up, packs her bags and runs out of the house.

PROGETTI DI GITA

PERSONAGGI

Sonia e Paolo, due amici
Stefano
Un portiere

Paolo Senti, Sonia: visto che abbiamo delle giornate cosí belle, perché non andiamo anche noi a fare una gita da qualche parte?

Sonia Ne sarei contentissima: domani è per l'appunto Ferragosto, e tutti se ne vanno, chi al mare chi in montagna . . . Hai qualche idea?

Paolo Sí, pensavo di proporti una gita a Viareggio. Potremmo partire all'alba, in modo da arrivare verso le nove; si passa la mattinata sulla spiaggia facendo bagni; di pomeriggio si sta in pineta e ci riposiamo un po', e poi la sera si va a ballare al 'Cavallino Bianco'. Cosa ne dici?

Sonia Io preferirei un posto piú tranquillo e riposante. C'è sempre cosí tanta gente a Viareggio per il Ferragosto. E poi al mare ci andrò per una quindicina di giorni in settembre, quando mio padre prende le ferie: perché non andiamo in montagna, fra i castagni e gli abeti?

Paolo Dove, ad esempio?

Sonia Io tornerei volentieri sul Matanna, ma non credo che vada bene per te. Quando devi essere di nuovo in ufficio?

Paolo Domani l'altro. Bisognerebbe andare un po' piú vicino: un posto dal quale si possa tornar via domani sera, o domani l'altro mattina al piú tardi. Perché non andiamo sulle Pizzorne? Io non ci sono mai stato.

Sonia Io ci andavo spesso con mia madre e i miei fratelli l'estate scorsa, quando eravamo in villeggiatura a Matraia, ma è un posto che mi piace moltissimo e ci ritorno volentieri.

Paolo Allora è deciso: andremo sulle Pizzorne.

Sonia Sono sicura che ne rimarrai contento. Non sono ancora diventate un posto alla moda e non dovrebbe esserci troppa gente.

Paolo E poi con la nuova strada carrozzabile che ha fatto costruire il Comune si può arrivare in macchina quasi fino in cima.

Sonia Invitiamo anche qualcuno dei nostri amici? Mariella e il suo fidanzato . . .

Paolo Sono andati a Portovenere per qualche giorno. Ho visto ieri il padre di Giuliano . . . e ne era un po' seccato.

Sonia Perché non voleva che andassero via da soli?

Paolo No, no, perché lo hanno lasciato senza macchina.

Sonia Credevo che ne avesse due.

Paolo Difatti, ma come diceva lui: "Cos'è un pedone? un uomo con due macchine, una moglie e un figlio sopra i diciott'anni."

Sonia Chi invitiamo allora?

Paolo Chiediamolo a Stefano: lui e sua moglie ci diranno senz'altro di sí, a meno che non abbiano già altri impegni.

Sonia Sei sicuro che anche Stefano sia in vacanza domani?

Paolo Diamine! il Ferragosto è una festività nazionale, e anche le banche, come tutti gli uffici, sono chiuse.

Sonia Allora andiamo subito a chiederglielo: il suo ufficio è qui vicino, mi sembra.

Paolo No, non è piú qui. Da quando l'hanno promosso, lavora al Portafoglio Estero della Sede Centrale. Non ricordi piú la sera che abbiamo festeggiato la sua promozione?

Sonia Oh sí, ricordo bene. Tu avevi alzato un po' il gomito, come si dice.

Paolo E tu avevi paura che si finisse tutti in questura.

Sonia Effettivamente, quando si uscì dalla 'Buca' e tu attaccasti lite con un altro avventore perché non ti aveva dato la precedenza.

Paolo No, veramente era un passante che non mi aveva risposto quando io gli dissi 'buona sera'.

Sonia Comunque sia, credevo proprio che andasse a finir male . . . la polizia fu davvero molto gentile.

Paolo Ad ogni modo avevamo deciso di metterci una pietra su. Ti prego, Sonia, sali in macchina e cambiamo argomento. Saremo da Stefano tra pochi minuti.

Sonia Bene, puoi partire.

Paolo Guarda, la portiera non è chiusa bene; e poi metti la sicurezza, per piacere.

* * *

Sonia Adesso la macchina non parte piú a scatti come prima. Ci hai fatto fare qualcosa?

Paolo Sí, ieri sera, dopo che ti ebbi accompagnata a casa, passai dal garage per cambiare l'olio, e approfittai dell'occasione per far registrare la frizione e i freni.

Sonia E scommetto che anche questa volta hai dimenticato di ritirare la ruota di scorta.

Paolo No, cara, questa volta me ne sono ricordato. Ora tutto è a posto, non preoccuparti: la macchina non dovrebbe lasciarci per strada, se andremo in montagna.

Sonia Scusa, Paolo, perché non hai girato a destra? Si risparmiava quasi un chilometro di strada.

Paolo Non potevo, Sonia. Non hai visto il segnale?

Sonia Sí, ma non mi sembrava un segnale di divieto.

Paolo Eh, credo che se tu fossi al volante . . . ad esempio, sai cosa indica questo segnale davanti a te?

Sonia Certo: divieto di svolta a sinistra. Non dimenticare che anch'io mi sono presentata all'esame guida.

Paolo Sí, ma ti hanno anche respinta. A proposito, cos'è che andò male?

Sonia Oh, non fu la guida, di pratica ne avevo fatta abbastanza. Quando però l'ingegnere cominciò a farmi domande sul motore, mi sentii perduta. Mi chiese, tanto per darti un'idea, come funziona un freno idraulico . . .

Paolo . . . e tu rispondesti che funziona ad acqua, scommetto.

Sonia Paolo, ti prego.

Paolo Me lo racconterai un'altra volta, adesso siamo arrivati.

Sonia Vengo con te o preferisci che ti aspetti in macchina?

Paolo Andiamo tutti e due. Tu puoi scendere qui, io vado a parcheggiare la macchina dietro l'angolo e ti raggiungo nell'ingresso tra un momento.

Portiere Buona sera, la signora desidera?

Sonia Scusi, è in ufficio il Ragionier Di Vittorio?

Portiere Sí, signora. Desidera vederlo?

Sonia Sí, se è possibile.

Portiere Il suo ufficio è al terzo piano. Se la signora vuole . . .

Sonia Se non le dispiace, preferirei attendere un momento. Debbo vederlo insieme ad un amico . . . Eccolo che arriva.

Portiere Allora, se i signori mi vogliono seguire . . . Di qua, prego . . . L'ascensore è a destra . . . Favoriscano entrare.

Paolo Scusi, quando hanno fatto tutte queste innovazioni?

Portiere Hanno cominciato i lavori alcuni mesi fa, e adesso hanno quasi finito: dovrebbe essere questione di poco, ormai. Eccoci al terzo piano, signori. Vengano con me. L'ufficio del Ragionier Di Vittorio è l'ultimo a sinistra, in fondo al corridoio.

Sonia Guarda, Paolo, come sono belli questi tappeti persiani!

Paolo Con tutti gli utili che hanno, le banche possono permettersi questo e altro.

Portiere Siamo arrivati. Chi debbo annunciare?

Paolo La Signorina Nazzari e il Dottor Silvestrini.

Portiere Permesso?

Stefano Avanti, prego.

Portiere Scusi, Ragioniere, c'è il Dottor Silvestrini e la Signorina Nazzari che vorrebbero vederla. Debbo farli accomodare in sala d'aspetto?

Stefano No, no, li faccia passare.

Portiere Entrino, signori, prego.

Stefano Ciao, guarda chi si vede!

Paolo Non ti disturbiamo, spero.

Stefano Per niente. Accomodatevi. Come stai, Sonia? E tu, Paolo?
Cosa mi raccontate di bello?

Paolo Siamo venuti per invitare te e tua moglie ad una gita per domani.

Stefano Siete davvero molto gentili. Anche noi volevamo andare da
qualche parte, ma per l'appunto l'altro ieri ho avuto un guasto
alla macchina.

Paolo Niente di serio, spero.

Stefano Temo di sí, questa volta. Mi si è rotto il differenziale, e dovranno
passare diversi giorni prima che arrivino i pezzi di ricambio dalla
fabbrica . . . Dunque, Paolo e Sonia, dov'è che ci invitate?

Sonia Noi pensavamo di andare sulle Pizzorne, ma se voi avete qualche
idea migliore . . .

Stefano Affatto, non ci siamo mai stati nè Irene nè io, e desideravamo
tanto andarvi una volta o l'altra. Ho un collega che ci va tutti gli
anni per qualche settimana e ne è entusiasta. Quanto tempo ci
vuole per arrivarvi?

Paolo In macchina, dovremmo farcela in due ore o poco piú, a condizione naturalmente che non si sbagli strada. Piuttosto, sei sicuro
che Irene non abbia già preso altri impegni?

Stefano Non credo. Quando sono uscito di casa per venire in ufficio,
mi ha chiesto se avevo qualche idea brillante per domani. Quanto
si rimane?

Paolo Se siete d'accordo, potremmo portare le tende e passar lì anche
la notte.

Stefano Non credete che farà troppo freddo?

Sonia No di certo. Ad ogni modo, se Irene non se la sentisse di dormire
in tenda, potete sempre andare all'Albergo Paradiso dove troverete
senz'altro una camera.

Stefano E per mangiare come facciamo?

Sonia Mangeremo al sacco. Non occorre che portiate niente. Penserò
a tutto io, conosco i vostri gusti ormai.

Paolo Allora, Stefano, restiamo d'accordo cosí: a meno che tu non
ci faccia sapere qualcosa in contrario prima di notte, Sonia ed io
saremo da voi alle sette domani mattina.

Stefano Va benissimo, e grazie infinite a tutti e due.

---

1. *Ferragosto* – The Italian equivalent of August Bank Holiday. It falls on the
15th August.
2. *Il Matanna* and *Le Pizzorne* are mountains in the foothills of the Tuscan-
Emilian Apennines.
3. *E ne era un po' seccato* – He was a bit fed up about it.
4. *Portafoglio Estero della Sede Centrale* – The foreign division of the Head
Office (of the bank).

5. *Comunque sia* – However that may be.
6. *Avevamo deciso di metterci una pietra su* – We had decided to forget all about that.
7. *Divieto di svolta a sinistra* – No left turn.
8. *Favoriscano entrare* – Would you be so kind as to come in.
9. *Li faccia passare* – Show them in.
10. *Guarda chi si vede!* – Look who's here!
11. *Cosa mi raccontate di bello?* – What's new?
12. *Se Irene non se la sentisse di dormire in tenda* – If Irene didn't feel like sleeping in a tent.
13. *Mangeremo al sacco* – We will picnic.

LE COMPERE PER IL PICNIC

PERSONAGGI

Paolo e Sonia, amici
Salumiere e fruttivendola
Un vigile urbano

Sonia Senti, Paolo, cosa ne diresti se andassimo adesso a far le compere per il picnic di domani?

Paolo Va benissimo. Io sono libero tutta la giornata, e se vuoi posso accompagnarti in macchina.

Sonia Mi faresti davvero un gran favore, tanto piú che verso le cinque ho un appuntamento con un'amica, e non vorrei arrivare in ritardo.

Paolo Andiamo subito, o vuoi bere prima qualcosa?

Sonia Preferirei andar subito, se non ti dispiace. Non mi sembra che abbiamo molto tempo. Cerchiamo prima di tutto una salumeria.

Paolo Ce n'è una poco prima dell'albergo Universo.

Sonia Prendiamo la macchina o andiamo a piedi?

Paolo È a quattro passi di qui, vi andiamo a piedi: ti aiuterò io a portare la roba.

Sonia Sai che non conoscevo affatto questa parte della città?

Paolo È un po' fuori mano, ed effettivamente non c'è niente di bello nè di interessante da vedere, ma adesso cercano di valorizzarla.

Sonia Anch'io ho avuto la stessa impressione. Venendo qua non ho visto altro che banche, compagnie di assicurazione, studi legali, uffici di ogni genere, tutti ben sistemati in grossi edifici di recente costruzione.

Paolo Ecco, siamo arrivati, Sonia. Entriamo.

Salumiere Buona sera, signori.

Sonia Buona sera. Vorremmo degli affettati assortiti.

Salumiere Taglio di questo prosciutto, intanto?

Sonia Veramente mi sembra un po' troppo grasso: preferirei l'altro.

Salumiere Benissimo, signorina. Quanto ne taglio?

Sonia Ce ne dia un paio di etti.

Paolo Mi sembra poco, Sonia. Non dimenticare che siamo in quattro.

Sonia Sí, hai ragione: quanto ne prendiamo?

Paolo Almeno quattro etti, direi.

Salumiere Ecco, signorina.

Sonia E adesso un po' di salame.

Paolo Ce lo tagli a fette molto sottili, per favore.

Sonia Non sarà troppo piccante, questo?

Salumiere Stia tranquilla, è salame toscano. Sentirà quanto è squisito. Va bene cosí?

65

Paolo Ancora un pochino, per favore . . . ora credo che basti. – Mortadella non ne compriamo, Sonia?

Sonia Oh sí, a Irene piace moltissimo, ed anche a me. – Ce ne vuol dare duecento grammi?

Salumiere Subito, signorina. E poi desiderano altro?

Sonia Sí, un po' di sardine marinate.

Salumiere Se le interessa, abbiamo anche delle ottime acciughe in salsa di produzione portoghese.

Paolo Ce ne dia quattro scatoline.

Salumiere Bastano queste sardine, signorina?

Sonia Credo di sí, grazie. Ci vuol dare anche qualche apriscatola?

Salumiere Oh sí, mi scusi.

Sonia Adesso un barattolo di carciofini ed uno di funghi sott'olio. E poi delle olive farcite.

Salumiere Mi spiace, signorina, siamo rimasti sprovvisti di olive farcite. Abbiamo però una giardiniera speciale che posso raccomandarle senza esitazioni. Gliene do un pochino, tanto per provarla?

Sonia Sí, vediamo un po'.

Salumiere E ora, signorina?

Sonia Mi sembra sia tutto.

Paolo Ma no, hai dimenticato i formaggi.

Sonia Oh già, ci dia questo pezzo di provolone ed anche un po' di gorgonzola.

Paolo Vuol farci il conto, per favore?

Salumiere Allora: prosciutto 630, salame 260, 180 di mortadella, 200 le acciughe. . . .

Sonia Mi aiuti, Paolo, a mettere nella borsa?

Paolo Certo, Sonia.

Salumiere Ecco, signorina, 2.970 lire. Facciamo 2.800.

Sonia Può cambiarmi un biglietto da 10.000 lire?

Salumiere Certamente, signorina: 7.200 di resto a lei.

Sonia Arrivederla, grazie.

Salumiere Buona sera, signori, grazie a loro.

Paolo Lascia, Sonia, porto io la borsa.

Sonia Camminiamo un po' in fretta, dobbiamo ancora fermarci in altri due negozi almeno.

Paolo Credi che potrei passare un momento da una libreria qui vicina? Vorrei sentire se è arrivato un libro che ho ordinato qualche settimana fa.

Sonia Preferirei di no. So per esperienza che quando tu entri in una libreria . . .

Paolo Come non detto, Sonia. Saliamo in macchina.

Sonia Scusami, Paolo, ma ho paura proprio che ci mancherebbe il tempo. Posso chiederti di che libro si tratta?

Paolo È un libro di psicologia animale . . . un'opera di cui oggi si discute molto in giornali e periodici.

Sonia Hai fatto qualche nuovo esperimento col tuo povero cane?

Paolo Sí. Uno molto interessante.

Sonia In cosa consiste?

Paolo In breve si tratta di questo. Io metto davanti a Drake un osso legato ad un filo. Tiro il filo e Drake insegue l'osso.

Sonia Non mi sembra particolarmente interessante.

Paolo No, ma l'esperimento diventa interessante quando io tiro il filo senza che Drake mi veda.

Sonia Cosa succede allora?

Paolo Drake non insegue piú l'osso, ma fugge e guaisce: ha paura.

Sonia E questo cosa dimostra?

Paolo Che i cani hanno, in una forma sia pure del tutto istintiva, una qualche nozione del principio di causa: Drake insegue l'osso che si muove davanti a lui quando vede la causa che lo muove; fugge quando non riesce a capire perché l'osso si muove.

*　　*　　*

Sonia Guarda, Paolo, qui all'angolo c'è un fruttivendolo: se vogliamo fermarci . . .

Paolo Sí, fermiamoci pure. Accosto la macchina davanti al negozio; non mi sembra ci sia divieto di sosta.

Sonia Attendimi pure qui, Paolo, farò in un momento.

Commessa Buona sera, la signorina desidera?

Sonia Buona sera. Mi dia due chili di pesche e due di pere.

Comessa Due chili e duecento, signorina, le pesche, va bene?

Sonia Lasci pure.

Commessa Nient'altro?

Sonia Sí, quattro grappoli d'uva e un chilo di mele.

Commessa Ed ora?

Sonia Un pacchetto di fichi secchi, è tutto. Quanto è?

Commessa Sono 900 lire esatte.

Sonia Ecco, signora, grazie.

Commessa Grazie a lei, signorina, buona sera.

Sonia Buona sera, signora.

Paolo Già qui, Sonia?

Sonia Sí, era una commessa molto svelta.

Paolo C'è altro che vuoi comprare stasera?

Sonia Sí, adesso dobbiamo andare da un fornaio per il pane.

Paolo Ma no, Sonia. Il pane e il vino li compreremo domani strada facendo in una casa di contadini. Cosí si ha la certezza di non bere vino lavorato con ingredienti chimici . . .

Sonia . . . forse è meglio, e il pane casalingo è tanto piú saporito di quello che compriamo in città.

Paolo Allora ti accompagno al Bar Sport.

Sonia Grazie, Paolo. Cosa farai stasera?

Paolo Non ho programmi, forse andrò al cinema.

Sonia Se ti interessa, Maria Grazia verrà con un amico a cena a casa mia; saremo noi tre soli, perché la mamma è fuori tutta la settimana, e se tu vuoi unirti, ci faresti un gran piacere.

Paolo Oh, grazie, sei molto gentile ad invitarmi.

Sonia Non credere naturalmente che offra piatti speciali . . . fa attenzione, Paolo, c'è un semaforo.

Paolo Ed un vigile che fischia. Quando cerchi un poliziotto per chiedergli un'informazione non lo trovi mai; invece, quando hai bisogno di guadagnar tempo . . .

Vigile Buona sera, il signore è in contravvenzione.

Paolo Buona sera a lei. Eccesso di velocità?

Vigile Lei sa che in un centro abitato non può superare i 50 km. all'ora?

Paolo Onestamente, io non credevo . . .

Vigile Lei andava a piú di 60 all'ora. Dovrei farle il verbale . . .

Paolo Se è cosí, mi faccia una contravvenzione, la pago subito.

Vigile So io quello che devo fare. Vuol favorirmi il libretto di circolazione intanto?

Paolo Certo, eccolo.

Vigile La patente, per favore?

Paolo Sí.

Vigile Ha con sè il triangolo regolamentare?

Paolo Attenda un momento. Scendo e glielo mostro subito.

Vigile Le frecce e i fanalini sono a posto?

Paolo Sí. Sonia, vuoi premere il freno, per favore? Ed ora vuoi accendere le frecce?

Vigile Ha notato che non funziona il fanalino destro?

Paolo Sí, lo so, ma ho la lampadina di riserva.

Vigile La cambi subito, allora; cosa aspetta?

Paolo Tutto è a posto, come vede. Si tratta solo di eccesso di velocità. Cerchi di capirmi, anch'io devo lavorare . . .

Vigile Faccio uno strappo alla regola questa volta, ma deve ringraziare il cielo di aver trovato un tipo come me.

Paolo Gliene sono riconoscente. Di qui in avanti terrò sempre l'occhio fisso sul tachimetro . . .

Vigile Mille lire, ecco la ricevuta. Tenga la patente ed il libretto.

Paolo Grazie di nuovo, buon giorno.

Vigile Buon giorno.

Paolo È andata bene, questa volta, Sonia.

Sonia Avresti dovuto pagare molto di piú?

Paolo Almeno venti volte tanto.

Sonia Allora, Paolo, accetti l'invito per la cena?

Paolo Con molto piacere, Sonia.

Sonia Andremo a tavola verso le otto. Cerca di non arrivare troppo in ritardo, ti prego.

Paolo Sta sicura. Alle sette e tre quarti batterò alla porta di casa tua con due bottiglie di Champagne.

Sonia Grazie, cosí staremo anche un po' allegri.

Paolo Eccoci arrivati al Bar Sport. Abbiamo fatto piú presto del previsto, malgrado tutto.

Sonia Oh guarda, Maria Grazia è già qui fuori che mi aspetta. Scendi anche tu, Paolo? Cosí ti potrei presentare.

Paolo No, Sonia, conoscerò i tuoi amici stasera, adesso vorrei andare a casa a cambiarmi.

Sonia A piú tardi, Paolo, e grazie di tutto.

1. *È un po' fuori mano* – It's a bit out of the way.
2. *Siamo rimasti sprovvisti di olive farcite* – We are completely out of stuffed olives.
3. *Tanto per provarla* – Just to try.
4. *Come non detto* – Forget it: literally 'consider it not said'.
5. *In una forma sia pure del tutto istintiva* – In some form, however instinctive.
6. *Strada facendo* – On our way.
7. *Vino lavorato con ingredienti chimici* – Wine to which chemical ingredients have been added to give colour, etc.
8. *Il signore è in contravvenzione* – You have a fine to pay.
9. *Un centro abitato* – A built-up area.
10. *Libretto di circolazione* – Car log-book.
11. *Il triangolo regolamentare* – The latest Italian traffic act requires every car to carry a special metal triangle, which has to be put in the road 50 metres behind the car whenever it stops in a zone where no parking is allowed.
12. *Le frecce e i fanalini sono a posto?* – Are the trafficators and the brake-lights working?
13. *Vuoi accendere le frecce?* – Will you work the trafficators?
14. *Faccio uno strappo alla regola questa volta* – I'll make an exception to the rule this time.

TRA STUDENTI

PERSONAGGI

Renato, studente di medicina
Nadia, studentessa di lettere
Vicky, studentessa inglese
John, impiegato inglese del Board of Trade
Sig. Malfatti, proprietario di un Autonoleggio

Renato Cerchi qualcuno, Nadia?

Nadia Sto cercando Vicky, quella mia amica inglese che frequenta un corso di perfezionamento per studenti stranieri. Tu la conosci?

Renato Sí, le fui presentato qualche sera fa al Ballo della Matricola, e non riuscivo a convincermi che fosse straniera: il suo italiano è del tutto senza errori, e parla con un leggero accento tipicamente veneto . . .

Nadia Difatti sua madre è nativa di Vicenza. Ci eravamo date appuntamento per le 10.30 qui all'Università. Mi disse ieri sera che sarebbe venuta col treno delle 9.20, e di solito è puntualissima. È da molto che tu sei qui?

Renato Da piú di un'ora.

Nadia Avevi esami?

Renato Sí, ho appena dato Medicina Legale.

Nadia E ti è andato benissimo, non c'è bisogno di chiederlo.

Renato Questo mi è andato bene, il professore era di ottimo umore . . . ma domani dovrei presentarmi all'esame di Anatomia e non so cosa fare: non mi sento abbastanza preparato.

Nadia Perché non lo tenti lo stesso? Un colpo di fortuna, alle volte . . .

Renato È uno dei miei esami fondamentali, e non vorrei prendere un brutto voto. Il Professor Merli è una persona con cui non si scherza: pensa che ha respinto un mio compagno di corso, senza pensarci nè tanto nè quanto, solo perché non ha saputo dirgli a cosa serve la glandola pineale.

Nadia E a cosa serve, tu lo sai?

Renato È molto semplice: non serve a nulla.

Nadia Cosa vuoi dire?

Renato Proprio questo. È una piccola glandola del cervello che per molto tempo si è creduto fosse la sede dell'anima . . . poi, come ha detto scherzando uno studioso americano, si è provato a toglierla, e si è constato che l'anima . . . lasciamo perdere, non vorrei essere irreverente.

Nadia Quindi non serve a niente.

Renato Per essere esatti, è uno di quegli organi la cui funzione, ammesso che esista, è tuttora ignota. Un caso identico è l'appendice . . .

Nadia E il tuo compagno è stato respinto solo per questo?

Renato Sí, ha avuto zero.

Nadia Zero addirittura?

Renato Proprio zero, che poi il professore gli ha portato a uno dietro le insistenze del Preside di Facoltà: uno strano tipo di filosofo mancato, vegetariano per giunta, il quale sostiene che lo zero non esiste.

Nadia Se fossi in te, tenterei lo stesso. L'anno scorso io mi sono presentata ad un esame che avevo preparato in meno di un mese, ed ero quasi sicura di venir bocciata: invece passai a pieni voti, contrariamente a quello che mi è successo stamani . . .

Vicky Buon giorno, ragazzi.

Renato Ciao Vicky, come va?

Nadia Perché sei cosí in ritardo? È da mezz'ora che ti cerco.

Vicky Scusami tanto, non è stata colpa mia.

Nadia Cosa ti è successo? Niente di grave, spero.

Vicky Oh no. Mentre andavo alla stazione ho incontrato per caso un compagno di corso il quale mi ha offerto un passaggio nella sua macchina, e io ho accettato.

Nadia Naturalmente. Poi, ad un certo punto, durante il viaggio, lui ha cominciato a dirti che i tuoi occhi erano belli e capricciosi come un mattino d'aprile, e tu allora . . .

Vicky No, è successo qualcosa di molto piú prosaico: si è forata una gomma, e siccome non aveva la ruota di ricambio, ci siamo dovuti fermare ad un garage perché ce la riparassero. Ma tu dimmi piuttosto: come ti è andato l'esame?

Renato Credo che sarebbe meglio non parlarne.

Vicky Ti è andato male allora?

Nadia Ho preferito ritirarmi, mi presenterò di nuovo alla prossima sessione.

Vicky Chi era il professore? Lo conosco io?

Nadia Credo di no, ma ne hai certamente sentito parlare. Ricordi tutto ciò che si diceva l'altra sera a casa di Mirella . . .

Vicky Ho capito. È quello che una volta, durante una lezione, uscì a dire: "I figli dei grandi uomini sono tutti stupidi. Guardate, ad esempio, mio figlio Giovanni . . ."

Nadia Proprio lui.

Vicky E stamani si era alzato con la luna?

Nadia Sí, per non dire peggio. Qualche volta l'università somiglia veramente ad un museo di malattie mentali.

Vicky Cosa ti ha chiesto precisamente?

Nadia Mi ha fatto le domande piú strane e piú impensate. Io cercavo di cavarmela come meglio potevo, ma lui diventava sempre piú impaziente, finché a un certo punto è andato su tutte le furie, e mi ha chiesto a bruciapelo: "Lei, signorina, sa cosa significa 'menare il can per l'aia'?"

Renato Tu cos'hai risposto?

Nadia Lì per lì ho creduto che fosse una domanda d'esame . . . ma poi l'ho guardato in faccia, e ho capito che era un modo come un altro per dirmi "Si ripresenti alla prossima sessione", e cosí ho deciso di ritirarmi.

Vicky Non pensarci piú adesso, Nadia. Non vale la pena prendersela per un esame andato male.

*   *   *

Vicky Io dovrei salutare un mio vecchio amico adesso di ritorno in Inghilterra: quel giovanotto in fondo al corridoio che passeggia su e giú leggendo il giornale. Volete scusarmi un momento?

Renato Fa pure. Ti aspettiamo qui.

Nadia Perché non invitiamo anche lui? Potremmo far colazione tutti insieme.

Vicky Allora venite con me. Si chiama John, ed è qui di passaggio. È appena tornato dalle sue vacanze in Grecia.

Renato Quanto desidererei potervi andare anch'io una volta o l'altra. È un sogno che coltivo fin da quando sui banchi di scuola ho letto l'Odissea per la prima volta.

John Buon giorno, Vicky.

Vicky Buon giorno, John. Ti presento Renato . . . e questa è Nadia, la ragazza che ho ospitato l'anno scorso in casa mia durante le sue vacanze in Inghilterra.

John Felice di conoscervi. Voi siete studenti?

Renato Sí, io sono iscritto alla Facoltà di Medicina, e se riesco a finire i miei esami in tempo, dovrei laurearmi il prossimo anno. Anche lei è studente?

John Non piú. Ho preso la laurea due anni fa, e adesso sono impiegato statale . . . lavoro al Ministero del Commercio Estero, a Londra.

Vicky Quanto tempo rimani ancora in Italia, John?

John Parto domani. Questo è il mio ultimo giorno di vacanza.

Renato Allora cerchiamo di stare un po' allegri insieme: se siete d'accordo, si potrebbe andar tutti da qualche parte . . .

Vicky Ottima idea. Cosa suggerisci?

Nadia Io propongo una gita sui Colli. Prendiamo una macchina a nolo.

Renato Anch'io pensavo di proporre la stessa cosa. Però sono senza patente. Me l'hanno ritirata, e per qualche settimana ancora non potrò guidare.

Nadia Posso guidare io.

Renato Quand'è cosí, io conosco molto bene il padrone dell'Autonoleggio che è in fondo al Corso . . . Andiamo, saremo là in meno di cinque minuti.

Vicky Mentre siamo per strada, forse John potrebbe dirci il significato di quell'espressione inglese . . . ti ricordi, Renato? Me lo chiedesti l'altra sera al ballo, e io non seppi cosa risponderti.

Renato Ah sí: è una espressione che ho trovato in un articolo di rivista: 'a shaggy dog story'. Immagino che sia una forma particolare di umorismo.

John Difatti, ma non sono in grado nemmeno io di darne una definizione esatta. So cos'è naturalmente . . .

Vicky Potresti spiegarti con un esempio?

John Ce ne sono tanti. Vediamo se me ne viene in mente almeno uno. Ecco, questo mi è stato raccontato da un amico durante le vacanze. Sulla porta di un ristorante di Londra hanno posto questo avviso: "Nel nostro ristorante voi troverete tutto. Il cliente che venga da noi, e ci chieda una cosa di cui noi si sia casualmente sprovvisti, riceverà un assegno di 50 sterline." Tu la conosci, Vicky?

Vicky Mi sembra di sí. Continua.

John Un giorno si presenta un cliente il quale chiede un sandwich di elefante.

Vicky Sí, adesso ricordo. La conosco anch'io.

John Vuoi continuare tu allora, per favore? Io l'ho già raccontata diverse volte.

Vicky Dunque . . . il cameriere prende l'ordinazione, e poco dopo ritorna con un assegno di 50 sterline. Il cliente osserva: "Sapevo che non avreste ucciso un elefante apposta per me." Al che il cameriere ribatte: "Non è questo il motivo, signore: siamo rimasti sprovvisti di pane."

Renato È una forma di umorismo che mi piace. Quando saremo in macchina, ve ne racconterò io un'altra di un genere un po' diverso. Questo è il garage. Buon giorno, Signor Malfatti.

Malfatti Buon giorno a lei, Signor Renato.

Renato Vorrei una macchina a nolo: la solita, se possibile.

Malfatti Stamani non mi è rimasta che questa, e gliela posso noleggiare fino alle dieci di domani mattina al piú tardi, perché dopo quell'ora è prenotata per uno sposalizio.

Renato Piú che sufficiente per noi. Quanto viene a costare?

Malfatti Trenta lire a chilometro. Agli altri faccio anche qualcosa di piú, ma dato che è lei . . .

Renato Lascio la cauzione, Signor Malfatti?

Malfatti Quando mai le ho chiesto una cauzione, Signor Renato? Il suo babbo ed io eravamo compagni di scuola. Salga pure.

73

Renato Mi dica: la benzina?

Malfatti Ho fatto il pieno proprio poco fa.

Renato E l'assicurazione, il libretto di circolazione . . .

Malfatti Vada pure tranquillo. Tutte le carte sono in regola. Se posso darle un consiglio, non prema troppo l'acceleratore: questa macchina scatta come un fulmine.

Renato Quanto a questo, non si preoccupi. Guiderà la mia amica, che è molto piú prudente di me sulla strada.

Malfatti Vuol mostrarmi la patente, signorina?

Nadia Ecco, guardi.

Malfatti Benissimo, grazie. Fate buon viaggio. E mi raccomando: non piú tardi delle dieci di domani.

Renato Stia sicuro. Ritorneremo prima di notte. Arrivederla.

1. *Corso di perfezionamento per studenti stranieri* – Postgraduate course for foreign students.
2. *Senza pensarci nè tanto nè quanto* – Without giving it a thought.
3. *La cui funzione, ammesso che esista* – The function of which, if any.
4. *Dietro le insistenze del Preside di Facoltà* – At the insistence of the Dean of the Faculty.
5. *Vegetariano per giunta* – What's more, a vegetarian.
6. *Uscì a dire* – Came out with.
7. *Si era alzato con la luna?* – He had got out of the wrong side of the bed?
8. *Mi ha chiesto a bruciapelo* – All of a sudden he asked me.
9. *Menare il can per l'aia* – To skate round a subject.
10. *Se riesco a finire i miei esami in tempo, dovrei laurearmi il prossimo anno* – The Italian university 'laurea' is taken in two parts—first the examinations and then a thesis.
11. *Ma dato che è lei* – Considering it's you.

IN CITTA PER COMMISSIONI

PERSONAGGI

Diva e Gualtiero, marito e moglie
Anna, sorella di Diva
Renato, barbiere
Calzolaio

Anna Permesso?

Diva Entra, entra, Anna.

Anna Io sono pronta, Gualtiero. Quando vuoi, possiamo uscire.

Gualtiero Beviamo prima qualcosa, abbiamo ancora tempo.

Diva Come va il tuo mal di testa?

Anna Molto meglio, grazie: ho preso un'aspirina mezz'ora fa, e adesso mi è quasi completamente passato.

Diva Un bicchierino di cognac, allora? Dovrebbe farti bene. Serviti da te, è sul carrello.

Anna Voi continuate pure la vostra conversazione, vi prego.

Gualtiero Cos'altro ancora debbo fare, Diva?

Diva Se hai tempo, dovresti passare dall'ufficio postale . . .

Gualtiero Sí, l'ho di strada.

Diva . . . e spedirmi questo pacco.

Gualtiero Lo faccio raccomandato?

Diva È un regalo per il compleanno di mio nipote. Per essere sicuri che arrivi in tempo, bisognerebbe farlo raccomandato espresso.

Gualtiero Il telegramma per le nozze di Antonio e Renza l'hai preparato?

Diva Sí, eccolo qui, vuoi leggerlo?

Gualtiero "Presenti in spirito inviamo fervidi auguri di felicità e bene." – Ottimo.

Diva Potresti occuparti anche di questo?

Gualtiero Certo, cara.

Diva Anche a te, Anna, volevo chiedere un favore. Hai molto da fare questa mattina?

Anna No, debbo ritirare l'orologio e andare dal calzolaio a consegnargli un paio di scarpe . . . poi avrei altre commissioni, ma dimmi pure.

Diva Potresti passare dalla farmacia?

Anna Certo, vi debbo andare anche per conto mio; ho da comprare un dentifricio e uno spazzolino da denti.

Diva Allora ti do questa ricetta. È una medicina da preparare, e può darsi che ti dicano di aspettare. Ti scomoda?

Anna Oh, niente affatto. Anzi, se hai altre commissioni, dillo pure a me: non far complimenti, ti prego.

Diva No, grazie, Anna. Il resto posso farlo io questo pomeriggio: debbo uscire in ogni caso per farmi fare la messa in piega. Non voglio andare al ricevimento in questo stato.

Anna Bene, allora possiamo uscire, Gualtiero. Noi, Diva, ci rivedremo questa sera. Stamani vado a trovare Lucia e rimarrò a pranzo da lei.

Gualtiero Io invece sarò di ritorno tra l'una e l'una e mezzo. Ciao, Diva.

Diva Ciao, e grazie di tutto, Anna.

Gualtiero Dobbiamo scendere dalle scale; l'ascensore è guasto.

Anna Hai telefonato perché vengano a riparare il televisore?

Gualtiero Ha telefonato Diva, e il meccanico è venuto poco fa.

Anna Gli avete detto anche che non si riesce a prendere il secondo canale?

Gualtiero Naturalmente.

Anna Ha potuto ripararlo subito?

Gualtiero No, ha preferito portare l'apparecchio in negozio per smontarlo e vedere con precisione di cosa si tratta.

Anna Che peccato! Stasera danno per l'appunto 'Incontro a mezzanotte', e si doveva finalmente sapere chi ha rubato i gioielli di Mr Smith.

Gualtiero Come? Non hai ancora capito?

Anna Non dirmi che tu lo sai . . .

Gualtiero Scommettiamo?

Anna Che cosa?

Gualtiero Una bottiglia di whisky.

Anna Accettato. Chi ha rubato i gioielli?

Gualtiero Mr Smith!

Anna Ma Mr Smith è il padrone dei gioielli.

Gualtiero Ed ha rubato i suoi gioielli.

Anna A che scopo?

Gualtiero Ma è l'uovo di Colombo: per riscuotere l'assicurazione.

Anna Vuoi dire che la storia di stasera è eguale alla storia dell'altra settimana?

Gualtiero Ed eguale alla storia della settimana ventura. Ad ogni modo sta tranquilla, non perderai 'Incontro a mezzanotte'. Il meccanico ci ha assicurati che avremo indietro il televisore prima delle cinque. Nella peggiore delle ipotesi tu e Diva potrete sempre andare al bar sotto casa nostra . . .

Anna Tu non ami molto la televisione, Gualtiero, mi sembra.

Gualtiero Se debbo essere sincero, la odio. Sempre le solite storie . . .

Anna Questo non mi sembra giusto.

Gaultiero Sí, effettivamente qualche volta la musica cambia, ma i suonatori son sempre gli stessi. Quando non è un furto, è un omicidio . . . la moglie che vuole uccidere il marito, il marito che vuole uccidere la moglie, l'amante della moglie che vuole uccidere l'amante del marito . . . insomma tutti vogliono uccidere tutti.

Anna Riprenderemo questa discussione un'altra volta. Ti prego di scusarmi, vorrei fermarmi un momento in questo negozio per ritirare delle fotografie.

*   *   *

Anna Guarda questa fotografia. Riconosci quest'uomo?

Gualtiero Sí, è Nino Frediani. Non lo vedo da molti anni ormai, da quando gli morì sua moglie, credo.

Anna Sai che si è sposato di nuovo?

Gualtiero No! Dici davvero?

Anna Ma certo. Perché ti stupisce tanto? È un errore secondo te sposarsi una seconda volta?

Gualtiero Affatto: è una vittoria dell'ottimismo sull'esperienza. Ed ora che cosa fa?

Anna Si è impiegato in una grossa ditta che costruisce motori per aeroplani. A proposito, tu poi cosa hai deciso di fare?

Gualtiero Riguardo a che?

Anna L'ultima volta che sona venuta a trovarvi tu eri incerto se iniziare una carriera di libero professionista o continuare come ispettore.

Gualtiero Certamente non rimarrò alle dipendenze della Società Elettrica per molto tempo ancora. Un mio amico ed io parliamo spesso di metter su un'impresa edile per conto nostro, e prima o poi ci riusciremo.

Anna L'idea è eccellente. Non vi mancherà certo il lavoro.

Gualtiero Il lavoro forse no. Quello che ci manca sono i capitali: il Direttore della mia banca . . . ma in un modo o in un altro li troveremo.

Anna Ne sono sicura.

Gualtiero Questo è il tuo calzolaio, se non mi sbaglio.

Calzolaio Buon giorno, signorina.

Anna Buon giorno. Posso lasciarle questo paio di scarpe?

Calzolaio Vuol farmi vedere? . . . hanno bisogno di mezze suole e di tacchi.

Anna Quando posso venire a ritirarle?

Calzolaio Verso la fine della settimana. Se viene sabato mattina, saranno pronte certamente.

Anna Arrivederla, grazie.

Calzolaio Arrivederla, signorina.

Gualtiero Non trovi, Anna, che questo caldo è soffocante?

Anna Sí, davvero insopportabile.

Gualtiero Sono quasi tre mesi che non piove. In giornate come queste si starebbe bene solo sulla spiaggia o in alta montagna, e invece siamo condannati a rimanere in città, in mezzo al frastuono e alla polvere.

Anna Non durerà a lungo però. Secondo la radio la temperatura dovrebbe diminuire sensibilmente nei prossimi giorni.

Gualtiero Dio volesse. Sarebbe un gran bene per tutti. Ecco, vedo che sta arrivando il 29; forse ti conviene prenderlo, dato il giro che devi fare.

Anna E il tuo barbiere dov'è?

Gualtiero Proprio qui davanti alla fermata dell'autobus.

Anna Allora ti saluto. A stasera, Gualtiero.

Gualtiero Ciao, Anna. – Buon giorno, Renato.

Renato Stamani è fortunato, Signor Gualtiero. Tocca subito a lei, si accomodi . . . Faccio la sfumatura come al solito?

Gualtiero No, dovrebbe tagliarmi anche i capelli: nè troppo lunghi nè troppo corti. E non li vorrei piú pettinati all'indietro: mi vuol fare la divisa, per favore?

Renato Certo, Signor Gualtiero. Vuol togliersi gli occhiali?

Gualtiero Oh, mi scusi.

Renato Li dia pure a me.

Gualtiero Grazie. E poi mi scorci un po' le basette, per cortesia.

Renato Benissimo . . . Vedo che anche lei ha cominciato a farsi la barba col rasoio elettrico, adesso.

Gualtiero Sí, è molto piú comodo e sbrigativo che con le lamette: non c'è bisogno di acqua calda, di sapone, di pennello . . .

Renato Mi dica, come sono andati gli esami ai suoi figli?

Gualtiero Come si prevedeva. Giovanni è stato rimandato a settembre in due materie. Mia figlia invece ha preso la maturità classica con pieni voti.

Renato E continuerà a studiare?

Gualtiero Sí, ha deciso di iscriversi all'università.

Renato A che facoltà?

Gualtiero A me sarebbe piaciuto tanto che si laureasse in fisica o chimica, ma lei preferisce far medicina e specializzarsi in pediatria: io naturalmente non voglio contrariarla.

Renato Oh, anch'io farei lo stesso. Adesso sono tutti e due in villeggiatura da qualche parte?

Gualtiero Sí, mio figlio è sulle Dolomiti in un campeggio organizzato dalla scuola. La figlia invece è andata in campagna dai nonni.

Renato E lei dov'è che porta la signora a passare le vacanze, Signor Gualtiero?

Gualtiero Quest'anno andiamo in Spagna: partiremo alla fine del mese e contiamo di star fuori tre settimane.

78

Renato Andrete in aereo, immagino.

Gualtiero In un primo tempo avevamo pensato di andare in macchina, ma poi, visto che il viaggio sarebbe stato piuttosto lungo e faticoso, abbiamo deciso di andare per via aerea: prenderemo una macchina a nolo in Spagna.

Renato Allora, Signor Gualtiero, lei è servito. I suoi occhiali . . .

Gualtiero Grazie, Renato. Quant'è?

Renato Trecentocinquanta lire.

Gualtiero Ecco, tenga. Il resto è per lei.

Renato Grazie infinite, Signor Gualtiero. Arrivederla e tanti auguri di buone vacanze a lei e alla signora.

Gualtiero Arrivederla, Renato.

1. *L'ho di strada* – It's on my way.
2. *Ti scomoda?* – Would it be a nuisance for you?
3. *Ma è l'uovo di Colombo*—But it's like Columbus's egg (nothing could be easier).
4. *Nella peggiore delle ipotesi* – If the worst comes to the worst.
5. *Mi vuol fare la divisa, per favore* – Would you give me a parting, please?
6. *È stato rimandato a settembre in due materie* – He has to do two subjects again in September.
7. *Ha preso la maturità classica con pieni voti* – She passed her 'maturità classica' with very high marks. *La maturità classica* is equivalent to G.C.E. 'A' level in arts subjects.

AUTOSTOP

PERSONAGGI

Vanni, pittore
Mirella, assistente sociale
Nino, autista

Vanni Hai dormito bene, Mirella?

Mirella Sí, grazie, e tu quanto tempo è che sei in piedi?

Vanni Mi sono alzato un po' prima dell'alba. Ho fatto una passeggiata qui in giro e sono andato sull'altura a vedere il sorgere del sole. Era uno spettacolo stupendo: quanto avrei desiderato avere con me la tavolozza e i colori!

Mirella Peccato! Chissà che bel quadro ne sarebbe venuto fuori!

Vanni Adesso stavo appunto cercando di descriverne qualche particolare nel mio diario.

Mirella Permetti che legga, Vanni?

Vanni Sí, certo.

Mirella "In lontananza cielo e nubi si confondevano in un identico colore di rosa porporino, ricco di mille sfumature diverse, mentre piú vicino a noi una barca a vela si cullava dolcemente nell'azzurro cupo di un mare tremolante alla brezza del mattino." Molto bello. Mi sarebbe piaciuto essere con te. Perché non mi hai svegliata?

Vanni Mi ero affacciato alla tua tenda per chiamarti, infatti; ma tu eri cosí soavemente immersa nel sonno che ho preferito lasciarti riposare ancora un po'.

Mirella Stamani avevo piú sonno del solito. Durante la notte mi sono svegliata parecchie volte . . .

Vanni A causa di che?

Mirella Anch'io tengo un diario, te ne leggo due righe: "D'improvviso mi desta un suono dolce e confuso che viene dal lungomare portatomi dal vento della notte. Mano a mano che si avvicina, esso diventa di una tristezza acre e monotona, quasi rassegnazione ad un destino inesorabile. Dopo un po' riesco a distinguerlo piú chiaramente: è un tintinnio di campanelle interrotto ogni tanto dal latrato fioco e stanco di un cane. Sono pastori che scendono dal monte e portano i loro greggi verso i pascoli della Maremma."

Vanni Purtroppo bisogna tornare alla prosaica realtà della vita quotidiana. Vuoi preparare tu il caffè, Mirella? Io intanto comincio a smontare le tende.

Mirella E poi cosa facciamo, Vanni? Si rimane qui fino a stasera o si parte subito?

Vanni Io preferirei partire subito dopo colazione. Credo che in questa zona non ci sia altro di particolarmente interessante da vedere oltre a ciò che abbiamo già visto ieri.

Mirella Non ti piacerebbe vedere la Sagra dell'Uva a Settimello?

Vanni Certo, ma è del tutto fuori strada. Per andarvi dovremmo fare una deviazione di parecchi chilometri, e forse non ci sarebbe piú possibile fermarci un giorno a Portovenere. Cosa preferisci?

Mirella Andare a Portovenere, naturalmente. Vieni, Vanni, prendiamo il caffè adesso. Penseremo dopo a preparare gli zaini.

Vanni È quasi tutto fatto ormai.

Mirella Prendo subito il tascapane.

Vanni E l'ultimo avanzo di grappa, per favore.

Mirella Ecco, tieni. Mi passi la marmellata e il miele?

Vanni Se vuoi, c'è ancora un pezzetto di burro e dell'affettato: bisognerebbe mangiarlo stamattina, altrimenti prende il rancido e dovremo tirarlo via . . . A cosa stai pensando, Mirella? Sei diventata cosí seria tutt'ad un tratto.

Mirella Ho guardato intorno e mi sono chiesta come viva la gente di questo paese: se ha un cinematografo, una sala da ballo, qualcosa di piú di una scuola elementare, insomma.

Vanni Io credo che l'unico ritrovo sia l'osteria, dove la domenica i vecchi vanno a giocare a carte, le donne a guardare la televisione, e i giovani a fare quattro salti al suono di una fisarmonica.

Mirella E che miseria nelle case che abbiamo veduto. Nessuna era provvista di acqua corrente, di bagno . . . alcune non avevano nemmeno luce elettrica. Tutto l'insieme suscita nell'animo l'impressione di una miseria senza riparo.

Vanni Chissà poi se questi contadini sono veramente tanto infelici, malgrado tutto. Certe volte io preferirei essere uno di loro . . .

Mirella Finiamo di preparare gli zaini?

Vanni Sí, e poi ci mettiamo subito sulla strada ad aspettare un mezzo di fortuna.

Mirella Non trovo la macchina fotografica, Vanni. Perché non la tieni a portata di mano?

Vanni L'ho già messa nel tuo zaino: abbiamo finito la pellicola e ieri mi sono dimenticato di comprarne un'altra. Volevi scattare una fotografia?

Mirella Sí, guarda quanto è pittoresca questa scena nella varietà dei suoi colori: una mucca immobile in mezzo a un campo col vitellino che poppa e si agita, e poco discosto due contadini tutti affaccendati a stendere il fieno.

Vanni Veramente deliziosa. Mi fa pensare a certi quadri dei Macchiaioli.

Mirella Io sono pronta.

Vanni Anch'io, partiamo.

Mirella Guarda quel camioncino: corriamo, forse si fa in tempo a fermarlo.

Vanni No, Mirella, bisogna aspettarne un altro. Quel camioncino è carico di ceste da maiali. Sediamoci qui sul muretto, vedrai che non dovremo attendere molto.

*   *   *

Mirella Vuoi fare un cenno a quell'autotreno carico di presse di paglia che sta venendo verso di noi?

Vanni Sarebbe una bella fortuna, se in un posto così fuori mano si trovasse subito un mezzo che ci porti verso la Riviera.

Nino Volete un passaggio?

Vanni Sí, grazie, dov'è diretto?

Nino A La Spezia, e voi?

Vanni In Piemonte, ma vogliamo fermarci prima qualche giorno sulla costa ligure. Ci può dare un passaggio?

Nino Certo, salite. Come vi chiamate? Lei, signorina?

Mirella Mirella.

Nino E lei?

Vanni Il mio nome di battesimo è Giovanni, ma tutti mi chiamano Vanni: mi chiami Vanni anche lei. E il suo nome?

Nino Mi chiamo Nino.

Vanni Fa l'autista di professione?

Nino Sí, per mia disgrazia. Lei cosa fa?

Vanni Io sono pittore . . . la vita di un artista è difficile nella società moderna: c'è troppa incomprensione.

Nino Posso immaginarlo. Dipinge anche la signorina?

Mirella No, io faccio l'assistente sociale.

Nino È contenta del suo lavoro?

Mirella Abbastanza. Mi sono ormai adattata a vivere con poco.

Nino Da che parte del Piemonte viene, signorina?

Mirella Siamo tutti e due di Savigliano, una cittadina che forse lei non ha mai sentito ricordare.

Nino Al contrario. Vi sono stato per una diecina di giorni ricoverato nell'Ospedale Militare.

Vanni Una sigaretta, Nino?

Nino Sí, grazie.

Vanni E tu, Mirella?

Mirella Sí, per piacere.

Vanni Mi dispiace, sono rimasto senza fiammiferi.

Nino Io ho l'accendisigaro. È un po' squallida questa zona, vero?

Mirella Sí, addirittura deprimente. La nostra prima presa di contatto è stata anzi disgustosa. Siamo andati in diversi posti e ci siamo sempre trovati in mezzo alla solita compagnia: da un lato asini che ci venivano a ragliare sotto il naso, e dall'altro uomini che parlavano soltanto di suini.

Nino Siete rimasti molto tempo qui?

Vanni Solo un giorno e una notte.

Nino Dove avete passato le vostre vacanze allora?

Vanni In Sardegna per lo piú: è stata un'esperienza indimenticabile.

Nino Io non ci sono mai stato, ma se me ne capitasse l'occasione vi andrei tanto volentieri. Qualche sera fa ho visto al cinematografo un documentario, e sono rimasto impressionato da . . . come si chiamano quelle mastodontiche torri circolari, vecchie di 2000 anni . . .?

Vanni Sono i nuraghi, una delle cose piú suggestive, nella loro terribile imponenza, che offre il paesaggio di Sardegna. Noi ne abbiamo visti centinaia.

Nino E si sa a che cosa servivano precisamente?

Mirella Sí, erano tombe.

Vanni Ma no, Mirella, non ricordi ciò che ha detto quell'archeologo? Ormai è certo che erano fortificazioni.

Mirella E perché non potrebbero essere tombe?

Vanni Per una infinità di motivi: la porta si chiude dal di dentro e non dal di fuori; quasi tutti sono forniti di torri minori con feritoie e posti di guardia; e infine gli scavi hanno riportato alla luce palle di pietra in gran quantità che indubbiamente servivano da proiettili.

Mirella È vero. Adesso ricordo.

Nino Fra cinque minuti saremo a Tirrenia, e io vorrei fermarmi da qualche parte per mangiare un boccone e bere un quarto di vino. Posso invitarvi a tenermi compagnia?

Vanni Io faccio un'altra proposta. Scendiamo qui: prima si va tutti una mezz'ora sulla spiaggia e faremo un bagno; poi andiamo insieme a rifocillarci lo stomaco in qualche trattoria.

Mirella Naturalmente lei sarà nostro ospite, Nino.

Nino Sono già un po' in ritardo, ma è una proposta che non posso rifiutare. Per riprendere il tempo perduto, premerò un po' di piú l'acceleratore durante il resto del viaggio.

Vanni A che ora deve essere a La Spezia?

Nino Non sono vincolato ad un'ora precisa, ma bisogna che arrivi prima che chiuda la cartiera: altrimenti non ci saranno piú operai per scaricare la paglia.

Mirella Scendiamo qui, allora?

Nino Benissimo.

Vanni Dove hai messo i nostri costumi da bagno, Mirella?

Mirella Lascia, li prendo io; li trovo a colpo sicuro. Tu metteresti tutto sottosopra.

Nino Cosa farete una volta arrivati a La Spezia?

Vanni Vogliamo andare a Portovenere. Rimarremo lì un giorno o due, in mezzo all'incanto di una natura ancora selvaggia, e dopo non so: dobbiamo ancora decidere.

Mirella Ecco il tuo costume, Vanni. A che bagno andiamo?

Nino Venite con me, conosco bene questa zona.

1. *Chissà che bel quadro ne sarebbe venuto fuori!* – Who knows what beautiful picture might have come out of it!
2. *Tu eri così soavemente immersa nel sonno* – You were sleeping so beautifully soundly.
3. *È del tutto fuori strada* – It is right off our route.
4. *Fare quattro salti* – To take a turn around the floor.
5. *A portata di mano* – At hand, handy.
6. *Forse si fa in tempo a fermarlo* – Perhaps we shall be in time to stop it.
7. *Sí, per mia disgrazia* – Yes, for my sins.
8. *La nostra prima presa di contatto è stata anzi disgustosa* – Our first contact with it has been really disgusting.
9. *Da un lato . . . dall'altro* – On the one hand . . . on the other.
10. *Se me ne capitasse l'occasione* – If the opportunity were to be offered to me.
11. *Dal di dentro . . . dal di fuori* – From the inside . . . from the outside.

VERSO IL LUOGO DI LAVORO

PERSONAGGI

Lidia, insegnante in una Scuola Professionale
Narciso, ingegnere
Guido, macchinista nelle Ferrovie

Lidia Partiremo fra pochi minuti, Narciso. Dobbiamo aspettare la littorina della Garfagnana, ma mi ha detto proprio ora il capotreno che dovrebbe essere questione di momenti.

Narciso Ieri ha nevicato molto sull'Appennino, forse è questo il motivo del ritardo.

Lidia Non credo: a quanto sembra, si tratta invece di una piccola frana verso Turritecava.

Narciso Tanto per cambiare. Frane o neve, c'è sempre qualcosa.

Lidia Tu prendi spesso questo treno?

Narciso Negli ultimi mesi l'ho dovuto prendere diverse volte. Anche tu ti sei stabilita a Pisa quest'anno, vero?

Lidia Sí, per parecchie settimane ho fatto la spola fra Lucca e Pisa, ma poi, visto che mi stancavo troppo, ho deciso di prendere una camera in affitto. Cosí ora torno a casa ogni sabato e riparto il lunedí.

Narciso Nel tuo caso è senz'altro la cosa migliore.

Lidia Credo di sí. Pensa che devo andare alla scuola ogni mattina, e due volte per settimana anche di pomeriggio. Considera poi il tempo che mi ci vuole per correggere i compiti a casa, e le diverse riunioni a cui debbo esser presente.

Narciso Nel complesso però è un buon lavoro il tuo, non è vero?

Lidia Non credere. Anch'io come tanti altri ho bisogno di arrotondare lo stipendio.

Narciso E perciò sei costretta a dare ripetizioni private?

Lidia Quest'anno non piú, preferisco fare traduzioni: si guadagna meno, ma è un lavoro che dà piú soddisfazione.

Narciso E queste le trovi facilmente?

Lidia Abbastanza. Ormai sono ben introdotta con due o tre editori di Firenze, e il lavoro che mi offrono alle volte è fin troppo.

Narciso Ecco il treno della Garfagnana, finalmente. Abbiamo un quarto d'ora di ritardo: se si recupera qualche minuto dovrei fare in tempo a prendere a Pisa la coincidenza per Grosseto . . . Scusa, Lidia, cos'è che stai guardando con quell'aria tra sorpresa e curiosa?

Lidia Vedi quel giovanotto alto e bruno, con una borsa sotto il braccio e vestito da ferroviere, che sta venendo verso di noi? Non è una faccia nuova per me, ma non riesco a ricordare nè dove nè quando possa averlo conosciuto.

Narciso Anch'io l'ho già visto altre volte in questo treno, ma non mi sembra di avergli mai parlato.

Lidia . . . adesso ricordo. Scusami un momento, Narciso. – Mi permette: lei è Guido Parenti di Gragnano?

Guido Sí, signora, sono io.

Lidia Non mi riconosce piú, scommetto . . .

Guido Ma certo che la riconosco. Lei è la Signora Fabbri: era la mia insegnante di fisica e chimica alla Scuola Professionale. Come sta, signora?

Lidia Bene, grazie, e lei cosa fa? Venga a sedere qui con noi.

Guido Volentieri, signora, grazie.

Lidia Conosce l'ingegner Paolieri?

Guido Felicissimo, ingegnere.

Narciso Piacere mio.

Lidia Sono tanto contenta di rivederla. Mi faccia ricordare, lei si è diplomato nel . . .?

Guido Nel 1954: otto anni fa, signora.

Lidia Oh sí, lei era in classe con Pierino Galliani. Tu avessi visto che tipo, Narciso: le risate che ci faceva fare con le sue inesauribili trovate umoristiche.

Guido Si ricorda, signora, quella sulla Divina Commedia?

Lidia Certo, pocò mancò che non prendessi provvedimenti disciplinari.

Narciso Di che storia si tratta? Volete raccontarla anche a me?

Lidia Lo racconto io?

Guido Prego, signora.

Lidia Dunque, a Pierino piaceva molto ridere e far ridere alle spalle degli insegnanti. Una mattina venne in classe e si mise a raccontare, come se fosse una notizia letta sul giornale, che il Direttore Didattico di un vicino Comune era andato a fare un' ispezione in una scuola elementare. Entra e chiede ad un ragazzo: "Chi ha scritto la Divina Commedia?" Il ragazzo, tutto imbarazzato, risponde "Io no, io no", e intanto comincia a piangere. Finita l'ispezione il Direttore riferisce la cosa al maestro, e il maestro, informatosi chi era l'alunno, dice al Direttore: "Mi dispiace . . . ma lui, suo padre e sua madre sono tutti una famiglia di bugiardi: se ha detto che la Divina Commedia non l'ha scritta lui, stia sicuro che l'ha scritta proprio lui."

Narciso Doveva essere veramente ameno.

Guido Ed è rimasto sempre il solito tipo, anche ora che ha moglie e figli, e tante preoccupazioni.

* * *

86

Lidia Adesso ci parli un po' di lei, Guido. Che cosa fa?

Guido Lavoro come macchinista nelle Ferrovie dello Stato. Ottenni il posto due anni dopo essermi diplomato.

Lidia Sei riuscito a sistemarti molto presto: in quegli anni c'era ancora tanta disoccupazione.

Guido Difatti, io ebbi la precedenza su molti altri concorrenti perché sono figlio unico di padre invalido di guerra.

Lidia Oh sí, ricordo bene tuo padre: veniva alla scuola con le grucce per sentire come tu andavi agli studi.

Guido E lei poteva rispondere che io ero appena sufficiente.

Narciso Non se la prenda: come l'esperienza insegna, l'ultimo a scuola è il primo nella vita.

Lidia Ti prego, Narciso. Anche qualche settimana fa venisti fuori con una delle tue solite frasi fatte, e . . .

Guido Posso chiedere di cosa si trattava?

Narciso Certo. Io dissi in un tono scherzoso: "Chi sa fa e chi non sa insegna." La signora la prese come un'offesa personale e per poco non ci scappò una lite.

Lidia Ma cosa dici, Narciso? Io leticare per una frase di quel genere? Se posso confidarvi un segreto . . . per strano che sembri, anch'io, che ho fatto l'insegnante tutta la vita, sono esattamente della stessa idea.

Narciso È un modo per provocare dei complimenti, Lidia?

Lidia Lasciamo perdere, Narciso, è meglio. – Per tornare a lei, Guido: è contento del suo lavoro?

Guido Naturalmente si fa una vita da cani. Pensi, d'inverno, doversi alzare a metà della notte e partire col vento, l'acqua, il freddo . . . ma a parte questo non posso lamentarmi.

Narciso E poi con l'ultimo sciopero siete riusciti ad ottenere un sostanziale aumento di stipendio.

Guido Sí, è vero: adesso noi ferrovieri stiamo assai meglio.

Lidia Chi ha diritto di lamentarsi sono invece i poveri pensionati. . . . Tu, Guido, sei mai stato disoccupato?

Guido Solo per poco tempo. Appena finiti gli studi non riuscivo a trovar lavoro da nessuna parte, ma poi, passati alcuni mesi, fui assunto come assistente nelle Officine Meccaniche Togni.

Lidia Conosco benissimo il Direttore. Era stato prima un mio collega all'Istituto, dove insegnava elettrotecnica: una persona tanto gentile e di cui tutti dicono un gran bene . . .

Guido Sí, difatti fu proprio lui che poco dopo mi aiutò a trovare un posto nelle Ferrovie dello Stato.

Narciso E adesso lei vive a Pisa?

Guido Sí, in Via Antonio Ceci, vicino alla stazione.

Narciso È una via che conosco bene. Ho abitato anch'io in quella zona fino a qualche anno fa.

Guido E ora dove si è trasferito?

Narciso Vicino a San Giuliano. Sa, quando i ragazzi cominciano a crescere, c'è bisogno di piú spazio, di un giardino, di aria libera. Perciò ho comprato una piccola villa in campagna, a una diecina di chilometri dalla città.

Guido Quanti figli ha, ingegnere?

Narciso Due, un maschio di nove anni ed una bambina di sei.

Lidia Lei è sposato, Guido?

Guido Sí, da sei anni, ed ho un bambino che comincerà presto ad andare all'asilo.

Lidia A Pisa vivete in affitto, suppongo?

Guido No. Dopo tanti sacrifici mia moglie ed io siamo riusciti a comprare un piccolo appartamento, con l'aiuto naturalmente di mio suocero: da soli non avremmo potuto farcela.

Lidia E sua moglie è contenta di abitare a Pisa?

Guido Adesso sí. Da principio non riusciva ad ambientarsi, ma poi, a poco a poco, si è fatta molte amicizie e conoscenze, ed ha trovato anche un lavoro.

Narciso Cosa fa?

Guido Lavora in una agenzia di viaggi, come dattilografa: per mezza giornata soltanto, però, altrimenti non potrebbe mandare avanti la casa.

Lidia E chi attende al bambino quando sua moglie è in ufficio?

Guido Mia madre. Dopo la morte del povero papà è venuta a stare con noi, ed è molto affezionata al nipotino . . . anche troppo.

Narciso Gliele dà tutte vinte, immagino.

Guido Proprio questo. Lei non sa mai dirgli di no, e cosí il bambino diventa sempre più viziato.

Lidia Non se ne preoccupi, Guido. Migliorerà anche lui col passar del tempo. Stiamo per entrare in stazione. Come vedi, Narciso, sei arrivato in tempo per la coincidenza.

Narciso Sí, ma debbo sbrigarmi, altrimenti rischio di rimanere in terra. Vi saluto subito. Tanti auguri, Guido. Arrivederci, Lidia.

Lidia Arrivederci, Narciso. Buon lavoro.

Narciso Grazie, altrettanto.

Lidia Tante cose, Guido. Spero che ci incontreremo ancora.

Guido Lo spero anch'io. Arrivederla, signora.

---

1. *Tanto per cambiare* – Just for a change.
2. *Ho fatto la spola fra Lucca e Pisa* – I commuted between Lucca and Pisa.
3. *Ho bisogno di arrotondare lo stipendio* – I need to augment my salary.
4. *Sono ben introdotta con due o tre editori* – I am well known to two or three editors.

5. *Con quell'aria tra sorpresa e curiosa* – With that half-surprised, half-curious look.
6. *A Pierino piaceva molto ridere e far ridere alle spalle degli insegnanti* – Pierino loved to laugh and make others laugh behind the teachers' backs.
7. *Non se la prenda* – Don't take it to heart.
8. *Chi sa fa e chi non sa insegna* – Literally 'he who knows acts and he who doesn't know teaches'.
9. *Per poco non ci scappò una lite* – We were very near to a quarrel.
10. *Per strano che sembri* – Strange as it may seem.
11. *Si fa una vita da cani* – It's a dog's life.
12. *Adesso noi ferrovieri stiamo assai meglio* – Now we railwaymen are considerably better off.
13. *Da soli non avremmo potuto farcela* – We couldn't have done it alone.
14. *Altrimenti non potrebbe mandare avanti la casa* – Otherwise she couldn't get through the housework.
15. *Gliele dà tutte vinte, immagino* – She lets him have all his own way, I suppose.
16. *Non se ne preoccupi* – Don't worry about it.

RACCONTO DI UN INCIDENTE

PERSONAGGI

Signor Mario, caposala in una fabbrica di tessuti
Rosina, operaia nella stessa fabbrica
Graziella, figlia di Rosina

Rosina Sbrigati, Graziella, e non guardare sempre in giro come un allocco.

Graziella E poi mi porti a vedere anche i leoni e gli orsi? Me l'hai promesso.

Rosina Sí, cara: ed anche le scimmie e gli elefanti, ma adesso cammina un po' piú svelta, altrimenti perdo la pazienza.

Graziella Mamma, chi è quel signore accanto al distributore di benzina che ci guarda in quel modo?

Rosina Signor Mario, ma come è possibile?

Mario Sí, Rosina, sono proprio io. Non ti aspettavi di trovarmi già in giro per la città?

Rosina Non me lo aspettavo davvero: in fabbrica credevamo tutti che lei fosse ancora in ospedale.

Mario Ne sono venuto fuori due giorni fa, un po' prima del previsto.

Rosina Ha ricevuto la cartolina che le abbiamo mandato io ed Ester?

Mario Sí, certo, l'ho gradita moltissimo.

Rosina Ai primi del mese eravamo venute a trovarla in ospedale, ma non ci fecero passare perché ci mancava il permesso del medico curante.

Mario Ricordo bene. La suora mi portò i fiori e la frutta che voi lasciaste per me: siete state molto gentili, ma non dovevate disturbarvi. E questa chi è?

Rosina È la mia figlia minore.

Graziella Mi chiamo Graziella.

Mario Come sei cresciuta, Graziella! Sai che io ti conosco da quando eri piccolina piccolina, e andavi ancora gattoni . . . Quanti anni hai adesso?

Graziella Nove, li ho compiuti nel giugno scorso.

Mario Come crescono i bambini: non l'avrei proprio riconosciuta.

Rosina Mostra molto di piú, non è vero?

Mario Io le avrei dato almeno undici anni. – E cosa c'è in questo cartoccio che tieni nella borsetta, Graziella?

Graziella C'è del becchime per gli uccellini. Adesso la mamma mi porta al giardino zoologico.

Mario Ed è per questo che camminavi cosí in fretta?

Rosina Sí, ma è ancora presto: chiudono alle cinque, e posso trattenermi con lei ancora un po'.

90

Mario Preferisco accompagnarti io per un tratto, Rosina, se non ti dispiace. Immagino che voi andiate a prendere il tram in Piazza Cavallacci.

Rosina Sí, difatti.

Mario Ed io mi sto per l'appunto incamminando verso l'Ufficio Tecnico della Ditta, che si trova proprio davanti alla vostra fermata.

Rosina Benissimo, grazie. Cosí facciamo un po' di strada insieme.

Mario Dimmi, prima di tutto: il resto della tua famiglia sta bene?

Rosina Sí, grazie. Mio cognato è emigrato in Australia, e mia suocera si è stabilita definitivamente con noi. È meglio per tutti: lei non è piú sola, ed io ho finalmente qualcuno che mi dia una mano d'aiuto nelle faccende domestiche. Ma lei . . . mi racconti qualcosa del suo incidente.

Mario Era un sabato, nel tardo pomeriggio: scendevo in motocicletta da San Gennaro, un posto dove vado ogni tanto a trovare dei miei parenti.

Rosina È una strada che conosco bene anch'io: tortuosa, ripida, non ancora asfaltata e, per lunghi tratti, nemmeno parapettata.

Mario Ad un certo punto vidi sulla mia sinistra, proprio dalla parte del burrone, un segnale di curva pericolosa. Io premetti subito il pedale del freno, ma il freno, chissà perché, non funzionò.

Rosina Una cosa da far rizzare i capelli in testa. E allora come scampò alla morte?

Mario In un primo momento ridussi la velocità innestando la prima marcia e cercai di allargarmi sulla curva, sperando di non sbandare sulla ghiaia fino a dover finire nel burrone.

Rosina E la curva era molto coperta?

Mario Che dici, mi trovai di fronte ad un camion carico di legname senza neanche accorgermene, alla distanza di due metri o poco piú: me la vidi brutta davvero, per un attimo mi credetti perduto.

Rosina E invece fu questo che la salvò?

Mario A giudicare dai risultati, direi di sí. Infatti il cozzo fu inevitabile, ed il pericolo fatale scampato.

Rosina Venne subito l'autoambulanza?

Mario Non saprei dirtelo: da quel momento non mi accorsi piú di nulla, ripresi conoscenza soltanto nella stanza del pronto soccorso alcune ore dopo. Ricordo un'infermiera che mi fece una iniezione antitetanica: io avevo la testa fasciata e una borsa di ghiaccio sulla fronte.

Rosina E cosa risultò con esattezza dall'esame radiologico?

Mario Una frattura al femore destro: è per questo che mi hanno tenuto ingessato tanto a lungo.

Rosina Adesso però cammina di nuovo benissimo, quasi si direbbe che l'incidente non abbia lasciato traccia.

91

Mario Purtroppo non è cosí. A conti fatti sono stato piú che fortunato, ma non mi ristabilirò mai completamente.

* * *

Graziella Mamma, io voglio un gelato.

Mario Permetti, Rosina, che glielo compri io?

Rosina Ti ho già detto di non chiedermi piú gelati per tutta la giornata.

Graziella Per favore, mamma.

Rosina Ne hai già avuto uno stamani: troppi dolciumi ti fanno male al pancino.

Graziella Mamma, ti prego.

Mario Credi davvero che un altro gelato le farebbe male? In fin dei conti sarebbe solo il secondo della giornata.

Rosina Non le fa male, ma non voglio dargliele tutte vinte. Questo pomeriggio io dovevo andare ai Magazzini Centrali, dov'è in corso una grossa svendita di fine stagione. Nossignori: lei ha cominciato a fare un capriccio, ed io devo portarla allo zoo.

Graziella Non è vero, mamma. È da piú di una settimana che mi avevi promesso di portarmi allo zoo: anche il babbo ha detto che avevo ragione io.

Mario Bene, Rosina, allora considero di averti strappato il permesso. – Ecco, Graziella: queste sono cento lire, va a comprarti un gelato.

Graziella Grazie tante, Signor Mario. Vado e torno subito.

Rosina Cosí l'ha avuta vinta una volta di piú.

Mario Lascia perdere, è ancora una bambina.

Graziella Il gelataio mi ha dato venti lire di resto.

Mario Hai un salvadanaro?

Graziella Sí, Signor Mario.

Mario Allora tienle e quando torni a casa metticele dentro.

Rosina Signor Mario, naturalmente sono molto contenta che lei ci accompagni, ma non crede che si stancherà troppo a venire a piedi fino in Piazza Cavallacci?

Mario Non ti preoccupare, Rosina. Anche il medico mi ha consigliato di fare del moto e tanta ginnastica. D'altra parte sai perché debbo andare all'Ufficio Tecnico della Ditta?

Rosina No, perché?

Mario Ti ricordi quel tessuto che stavo disegnando l'ultima volta che tu e tuo marito siete venuti a casa mia? Ebbene, i tecnici hanno esaminato il mio disegno e l'hanno approvato: io vado là adesso per definire alcuni dettagli circa la cessione. E in fabbrica è successo niente di nuovo durante la mia assenza?

Rosina Mi sembra di no, è piú o meno la solita vita.

Mario E non ci sono stati nè licenziamenti nè nuove assunzioni di personale nel nostro reparto?

Rosina No, solo Isa ha lasciato provvisoriamente il lavoro: dovrà avere un bambino tra un paio di mesi.

Mario E il mio sostituto come si comporta?

Rosina Adesso che ci abbiamo fatto l'abitudine non ci si può lamentare. Per quanto riguarda il lavoro vive e lascia vivere, ma in altre cose è molto piú rigoroso ed esigente di lei. Per lui la puntualità è tutto: non esiste altro che l'orologio per la bollatura delle cartoline.

Mario Non vorrai dire che adesso non ci sia piú il solito gruppo di ritardatari . . .

Rosina Rimarrà sorpreso, Signor Mario, ma effettivamente anche loro dopo le prime lavate di testa si sono rassegnati a venire in orario: bisogna attaccare l'asino dove vuole il padrone. E lei quando riprenderà servizio? Non vediamo l'ora che ritorni tra noi.

Mario Fra tre o quattro settimane, penso.

Rosina Come mai tanto ancora?

Mario Tu sai che il mese prossimo ci saranno le elezioni amministrative nel Comune di Porcari.

Rosina Ebbene?

Mario Io sono uno dei candidati per il posto di sindaco.

Rosina Conosco troppo bene le sue idee per chiederle in quale lista si presenta. Lei sa che mio marito ed io abbiamo idee diverse dalle sue, ma dal piú profondo del cuore le auguro di vincere.

Mario Io non spero tanto, ma sono sicuro che noi aumenteremo considerevolmente il numero dei nostri voti rispetto alle ultime elezioni.

Graziella Siamo arrivati, mamma. Guarda, quello è il nostro tram.

Mario Anch'io debbo lasciarvi. Fa tanti saluti a tuo marito da parte mia.

Rosina Non mancherò, Signor Mario. Arrivederla.

Mario A presto, Rosina. E a te, Graziella, tanti auguri.

---

1. *Andavi ancora gattoni* – You were still crawling around.
2. *Mostra molto di piú* – She looks much more.
3. *Io le avrei dato almeno undici anni* – I should have thought she was at least eleven.
4. *Una cosa da far rizzare i capelli in testa* – Enough to make one's hair stand on end.
5. *Ridussi la velocità innestando la prima marcia e cercai di allargarmi sulla curva, sperando di non sbandare sulla ghiaia fino a dover finire nel burrone* – I reduced speed, going into first gear and tried to take the corner wide, hoping that I wouldn't skid on the gravel and finish over the precipice.

6. *E la curva era molto coperta?* – And the corner was a very blind one?
7. *Me la vidi brutta davvero* – I really thought I'd had it.
8. *La stanza del pronto soccorso* – First aid room, casualty room.
9. *In fin dei conti* – In point of fact, in actual fact, after all.
10. *Non voglio dargliele tutte vinte* – I don't always want to let her have her own way.
11. *Considero di averti strappato il permesso* – I consider I have extracted your permission.
12. *Così l'ha avuta vinta una volta di più* – So she has got her own way once more.
13. *Per definire alcuni dettagli circa la cessione* – To settle some details about the rights.

POMERIGGIO A VENEZIA

PERSONAGGI

Signora e Signor Fei
Signor Edoardo, parrucchiere per signora
Franca, sua assistente
Jim, fotoreporter americano
Un cameriere

Franca Signor Edoardo, è arrivata la Signora Fei.

Edoardo Dille che vengo subito.

Franca Il Signor Edoardo sarà da lei tra un momento. Vuole accomodarsi qui intanto?

Sig.ra Fei Grazie, Franca.

Edoardo Buon giorno, Signora Fei, ben tornata. Come sono andate le vacanze?

Sig.ra Fei Molto bene, grazie. Non abbiamo avuto un tempo ideale, ma eravamo in ottima compagnia, e nel complesso il soggiorno è stato piacevole.

Edoardo Ha fatto molte gite, suppongo?

Sig.ra Fei Non molte. Come lei sa, sono una persona piuttosto pigra, e mi sono limitata a brevi passeggiate e a qualche viaggio in macchina nei paesi vicini.

Edoardo E non è mai arrivata fino ai confini della Svizzera?

Sig.ra Fei Solo una volta o due.

Edoardo Cosa desidera oggi, signora?

Sig.ra Fei Vorrei lavatura e messa in piega. Verso le cinque e mezzo passerà di qui mio marito a prendermi. Crede che sarò pronta?

Edoardo Lo sarà senz'altro, signora. I suoi capelli sono piuttosto lunghi, vedo; posso dare una spuntatina?

Sig.ra Fei Sí, grazie.

Edoardo E quanto alla messa in piega?

Sig.ra Fei Stasera andiamo al Lido ad uno spettacolo del Festival, e vorrei qualcosa di nuovo, ma niente di troppo bizzarro o pretenzioso. Mi fido di lei, Edoardo.

Edoardo Molto gentile, signora. Franca, lava i capelli della signora, per piacere: shampoo normale. Desidera la solita frizione, Signora Fei?

Sig.ra Fei Sí, grazie: riattiva i capelli, e mi sembra che faccia durare di piú la messa in piega.

Franca Si accomodi vicino al lavandino, per cortesia, signora.

Sig.ra Fei Ecco Franca. Poi mi risciacqui i capelli con sugo di limone, per favore.

Franca Certo, signora.

Sig.ra Fei Dove è andata in vacanze lei, Franca?

Franca Non sono ancora andata, signora. Durante l'estate abbiamo troppo da fare. Prenderò le ferie in ottobre, e andrò dai miei: mi piace molto essere a casa nel periodo della vendemmia.

Sig.ra Fei Dove abitano i suoi?

Franca Nella campagna di Conegliano. Queste saranno le ultime ferie che passo in famiglia.

Sig.ra Fei Si sposa presto allora?

Franca Verso la fine dell'inverno, ma non abbiamo ancora fissato una data definitiva. Ecco, signora, ho finito. Le dispiace ritornare davanti allo specchio?

Edoardo Si sieda, signora. Vorrei provare una delle mie ultime creazioni da sera. Sono certo che le starà bene.

Sig.ra Fei Faccia pure, Edoardo. Ho piena fiducia in lei. Come sta la sua famiglia?

Edoardo Tutti bene, grazie. I bambini sono con la nonna nel Trentino: andrò a prenderli fra giorni, e finiranno le loro vacanze al Lido. Mia moglie invece è rimasta a Venezia tutta l'estate per aiutare un po' me.

Sig.ra Fei Ha così tanto lavoro?

Edoardo Meglio non parlarne, signora: non ho piú tempo nemmeno per respirare.

Sig.ra Fei Difatti ho notato che è venuta piú gente del solito quest'anno a Venezia per il Festival. E poi lei ha una clientela cosí numerosa e affezionata . . .

Edoardo E tutte quando vengono si ricordano di Edoardo. Ecco, signora, ho finito. Franca, vuoi mettere il casco alla signora? E intanto, mentre le si asciugano i capelli, falle le unghie.

Franca Che lacca vuole, signora?

Sig.ra Fei Dovremo sceglierne insieme una che si intoni col mio nuovo rossetto.

Franca Abbiamo una ricca gamma di colori; guardi questo, ad esempio. Andrebbe bene?

Sig.ra Fei Sí, è il colore rosa pallido che fa per me. Lei continuerà a lavorare da Edoardo anche dopo che si sarà sposata?

Franca Non lo so, dipende da tante cose . . . Non abbiamo ancora deciso dove andremo ad abitare.

Sig.ra Fei Cosa fa il suo futuro sposo?

Franca Adesso fa il commesso viaggiatore, ma suo padre ha uno squero, e prima o poi anche lui riprenderà la tradizione della famiglia.

Edoardo Franca, togli il casco alla signora, per piacere; e portami la spazzola e lo specchio.

Sig.ra Fei Molto bene, Edoardo: è una bellissima messa in piega.

Edoardo Grazie, signora.

Franca C'è il Signor Fei, signora.

Sig.ra Fei Grazie, Franca. Gli dica che vado subito.

Edoardo Arrivederla, signora.

Signor Fei Come sei elegante stasera, Lucia.

Sig.ra Fei Ti piace questa pettinatura?

Signor Fei Moltissimo. Ho dato appuntamento a Jim in un caffè di San Marco. Vi andiamo a piedi?

Sig.ra Fei Preferirei, se a te non dispiace.

*   *   *

Sig.ra Fei Non riesco a vedere Jim. A che ora doveva arrivare?

Signor Fei Tra le cinque e mezzo e le sei. Sediamoci a questo tavolino: appena arriva ci vede.

Sig.ra Fei Hai fatto poi colazione coll'architetto Baldi?

Signor Fei Sí, l'ho portato in un ristorante molto pittoresco sul Canal Grande.

Sig.ra Fei Conosce bene Venezia lui?

Signor Fei Abbastanza: vi è già venuto diverse volte, ma sempre per motivi di lavoro. Sua moglie invece non c'era mai stata prima d'ora.

Sig.ra Fei E che impressione le ha fatto?

Signor Fei Puoi immaginarlo: ne è rimasta innamorata dopo il primo giorno. Adesso cerca addirittura di convincere suo marito a comprare una casa verso la Riva degli Schiavoni, e lui ci sta pensando seriamente.

Sig.ra Fei Cos'è che le è piaciuto, in particolare?

Signor Fei Credo non saprebbe dirlo nemmeno lei. Tutto si confonde e si insegue nella sua immaginazione: il colore del nostro cielo e le luci del Canal Grande, il canto notturno dei gondolieri che passano sotto le finestre del suo albergo, le gondole dove tutto avviene . . . battesimi, matrimoni, funerali. Ma ciò che soprattutto l'ha impressionata è stata la nostra architettura: ha una sensibilità artistica davvero eccezionale.

Sig.ra Fei Perché non li hai invitati a venire con noi al Lido stasera?

Signor Fei Ho fatto la proposta, ma lui preferisce rimanere in albergo, e dare gli ultimi ritocchi alla relazione che dovrà leggere domani al Congresso degli Architetti. Verranno a cena da noi una sera della prossima settimana.

Sig.ra Fei Che tipo d'uomo è, il Signor Baldi?

Signor Fei Molto raffinato. Ha una figura imponente, una faccia asciutta e piuttosto austera: a guardarlo gli daresti meno di cinquant'anni, ma deve averne di piú perché è già nonno da un po' di tempo.

Sig.ra Fei Non sapevo che avessero figli.

97

Signor Fei Sí, ne hanno due: un maschio, che è architetto come il padre, ed una figlia che è sposata ad un diplomatico: adesso vive in Belgio, mi sembra. Oh! Ecco Jim.

Jim Buona sera. Scusatemi del ritardo. Ho perso il motoscafo e ho dovuto aspettare il vaporetto.

Sig.ra Fei Cosa ha fatto di bello quest'oggi?

Jim Sono andato alla Giudecca. La mia rivista vuole delle fotografie un po' diverse dalle solite, e ho pensato che i quartieri poveri della Giudecca . . .

Cameriere I signori desiderano ordinare qualcosa?

Signor Fei Tu cosa prendi, cara?

Sig.ra Fei Un frullato di pesche, grazie.

Signor Fei E lei, Jim?

Jim Doppio whisky e soda.

Signor Fei A me invece porti un tè al limone.

Cameriere Subito, signore.

Sig.ra Fei Come sono state accolte le altre fotografie che lei mandò giorni fa . . . quelle di Murano, con le donne che fanno i pizzi e i merletti sulle porte delle case?

Jim Molto bene, credo. Nel corso della settimana voglio tornare a Chioggia, e fare una serie di fotografie sul lungomare: le paranze che si preparano per la pesca, che al tramonto escono dal Porticciolo con le vele fiammanti e i larghi fanali . . . è tutto un succedersi di scene pittoresche e suggestive che dovrebbero incontrare un grande successo in America.

Sig.ra Fei E all'Accademia non è andato?

Jim Mi sono messo in strada, e volevo arrivarvi a piedi, ma naturalmente tra tutte quelle calli e ponti e campielli mi sono perso.

Sig.ra Fei Una volta di piú!

Jim In compenso ho trovato un'ottima rosticceria dove mi sono fermato a far colazione: un delizioso fritto misto, e mezzo litro di vino bianco che mi ha rimesso di buon umore.

Sig.ra Fei Senta, Jim: stasera dopo lo spettacolo al Lido noi siamo stati invitati a un ricevimento in Casa Vendramin, e ci hanno detto di invitare anche lei, se è libero. Le interessa?

Jim Veramente avevo fatto conto di andare al Casinò.

Sig.ra Fei Possiamo sempre farci una capatina dopo il ricevimento.

Jim Quand'è cosí, accetto l'invito. Dove ci incontriamo?

Sig.ra Fei Alcuni nostri amici verranno a prenderci qui tra poco, e ci porteranno al Lido col loro motoscafo: lei potrebbe venire con noi adesso?

Jim Mi dispiace, adesso non posso. Ho da spedire un telegramma, e poi non vorrei presentarmi in casa Vendramin con quest'abito. Debbo prima passar dall'albergo a cambiarmi.

Signor Fei Allora ci troveremo al Lido, alla fine dello spettacolo.

Jim D'accordo. Arrivederci per ora. E tante grazie per l'invito, Signora Fei.

Sig.ra Fei A più tardi, Jim. – Tu, Carlo, avresti fatto volentieri a meno di venire a questo ricevimento, non è vero?

Signor Fei Al contrario. Come sai, evito di andare ai ricevimenti tutte le volte che mi è possibile. Mi annoio a morte: la conversazione è sempre cosí convenzionale, tutta a base di frasi fatte . . . ma stasera vengo volentieri. È da tanto tempo che desidero vedere la nuova casa dei Vendramin . . .

Sig.ra Fei È bellissima: tutta in stile neoclassico, e molto bene conservata. Si trova alla fine di un viale alberato, poco distante dal mare. Sono sicura che piacerà anche a te.

Signor Fei Ecco i nostri amici, Lucia.

1. *Ben tornata* – How nice to see you again.
2. *Mi fido di lei, Edoardo* – I put myself in your hands, Edoardo.
3. *È il colore rosa pallido che fa per me* – It is just the right shade of pale pink for me.
4. *Appena arriva ci vede* – He will see us as soon as he arrives.
5. *Per motivi di lavoro* – On business.
6. *Un po' diverse dalle solite* – A little out of the ordinary.
7. *Mi sono messo in strada* – I set out.
8. *Di buon umore* – In a good mood.
9. *Avevo fatto conto di andare* – I had in mind to go.

VOCABULARY

abboccamento *interview, conversation*
abete (m.) *fir-tree*
abitare *to live, inhabit*
abito *dress, suit*
abito a due pezzi *two-piece dress*
abito da mezza sera *cocktail dress*
abituarsi *to get used to*
abitudine (f.) *habit, custom*
acacia *acacia*
accanto *near, beside, next to*
acceleratore (m.) *accelerator*
accennare *to hint*
acciuga *anchovy*
accludere (p.p. accluso) *to enclose*
accogliere (p.p. accolto) *to receive*
accomodarsi *to sit down*
accontentarsi di *to be content (with)*
acconto *account, deposit*
acconto (in . . .) *on account*
acconto (lasciare un) *to leave a deposit*
accordarsi *to agree*
accordo (d') *agreed, all right*
accorgersi (p.p. accorto) *to notice*
accostare *to approach, bring alongside*
acquisto *purchase*
acre *bitter*
adatto *suitable, fit*
addietro *behind*
addio *goodbye*
addirittura *quite, completely, really*
adeguare *to adjust, conform*
aereo (in) *by plane*
aeroporto *airport*
affacciarsi *to lean out*
affannosamente *frantically, anxiously*
affatto *absolutely, by no means*
affettati *sliced salt pork*
affezionato *affectionate, fond*
affittare *to rent, let*
affitto *rent*
affitto (dare in . . .) *to let*
affitto (prendere in . . .) *to rent*
afflusso *influx, flood*
affollato *crowded*
affrettarsi *to hurry*
agenzia di viaggi *travel agency*

aggirarsi *to wander about*
agio *ease, leisure*
aiuola *flower-bed*
aiutante (m.) *assistant*
aiutare *to help*
aiuto-macchinista (m.) *assistant driver*
alba *dawn*
alimentari (m. pl.) *foodstuffs*
allargare *to make wider*
allocco *owl*
almeno *at least*
altura *height, top*
alunno *pupil*
alzare *to lift, raise, increase*
amante (m. and f.) *lover*
ambientarsi *to become accustomed to*
ambizioso *ambitious*
ambulatorio *surgery*
ameno *pleasant, charming, amusing*
ammettere (p.p. ammesso) *to admit*
amministrare *to run, administrate*
ammobiliare *to furnish*
ammontare *to amount*
andare gattoni *to crawl*
andarsene *to go away, leave*
angolo *corner*
angolo (dietro l') *round the corner*
anima *soul*
annoiarsi *to get bored*
annoiato *bored, tired*
annotare *to make a note*
annunciare *to announce*
ansia *anxiety*
anteprima *preview, dress rehearsal*
antica (all') *old-fashioned*
anticipo (di) *in advance*
antipasto *hors-d'œuvre*
anziché *rather than, instead of*
apertura *opening*
apparecchiare *to lay the table*
apparecchio *apparatus, set*
appassionato *passionate*
apportare *to bring*
apportare delle modifiche *to make changes*
appositamente *purposely, expressly*

apprezzare *to appreciate*
approfittare *to profit by*
approvare *to approve of, praise*
appuntamento *appointment*
appunto *just so, precisely, exactly*
appunto (per l') *precisely, exactly*
apriscatola (m.) *tin-opener*
aragosta al Courvoisier *lobster flavoured
  with Courvoisier*
aranciata *orangeade*
arredamento *furnishings, furniture*
arrotondare *to make round, increase*
ascensore (m.) *lift*
asciugamano *towel*
asciugare *to dry*
asciutto *dry, thin, clean-cut*
ascoltare *to listen*
asfaltare *to asphalt*
asilo *kindergarten*
aspettarsi *to expect*
assai *very, enough*
assegno *cheque*
assegno circolare *bank draft*
assegni (blocchetto degli) *cheque-book*
assegni turistici (m.pl.) *travellers'
  cheques*
assenza *absence*
assicurare *to assure, insure*
assicurazione (f.) *assurance, insurance*
assistere (a) *to be present at, attend*
assordante *deafening*
assorto *absorbed*
assumere (p.p. assunto) *to appoint*
assunzione (f.) *new appointment*
Atene *Athens*
atrio *hall*
attaccarsi *to stick*
attendere (p.p. atteso) *to wait for*
attesa (in . . . che) *waiting for*
attimo *instant, moment*
atto *act, record*
attraente *attractive*
attrezzarsi *to equip oneself*
attrezzo *tool, implement*
audacia (n.) *daring, boldness*
augurio *wish*
aumentare *to augment, increase*
aumento di stipendio *pay rise*
autoambulanza *ambulance*
automezzo *motor vehicle*
autonoleggio *car-hire firm*
autorizzare *to authorise*
avanzatempo (ad) *filling in time*

avvenire *to happen*
avventore (m.) *customer*
avvertire *to warn, advise*
avviarsi *to set out*
avviso *notice*
azzardo *hazard, risk, gamble*

bagnino *bathing attendant*
bagno *bathing establishment, bath*
ballare *to dance*
balletto *ballet*
balzana *turn-up*
banco *form, school bench, counter*
bando *official announcement*
barattolo *tin, pot*
barba (farsi la) *to shave*
barbiere (m.) *barber*
barella *stretcher, litter*
barzelletta *joke*
basare *to base*
basetta *side (of hair)*
bastare *to suffice*
battere *to beat, knock, type*
becchime (m.) *bird-food*
benessere (m.) *well-being*
benzina *petrol*
berretto *cap*
biancheria *linen, laundry*
biglietteria *ticket-office*
biglietto *ticket*
biglietto da visita *visiting card*
bilingue *bilingual*
birra *beer*
bisca *gambling-house*
bistecchina ai ferri *grilled steak*
boccata, boccone (m.) *mouthful, bite*
bocciare *to fail, be ploughed*
bollatura *stamping*
bolletta *bill*
borsa *purse, hand-bag*
borsa di studio *scholarship*
brezza *breeze*
brindisi (m.) *toast*
bruciapelo (a) *suddenly*
bruciatore a nafta (m.) *oil-fired boiler*
bugiardo *liar*
burrone (m.) *ravine*
bussare *to knock*

cabina *cabin*
caccia *shooting, hunting*
cacciavite (m.) *screwdriver*
cadere *to fall*
caduta (n.) *fall*

101

calcio *football*
calle (f.) *narrow street (in Venice)*
calza *sock, stocking*
calzatura *footwear*
calzolaio *shoemaker*
cambiamento *change, alteration*
cambiare *to change*
cambiare argomento *to change the subject*
cambio *change, exchange*
camera matrimoniale *double room*
caminetto *fire-place*
camion (m.) *lorry*
camioncino *van*
campanella *bell*
campeggio *camping*
campiello *small square (in Venice)*
campione (m.) *champion*
campo *field*
canale (m.) *channel*
cantina *cellar*
capanna *hut*
capannone (m.) *large shed*
caparra *guarantee, earnest*
capatina (fare una) *to pay a short visit*
capitare *to arrive, come, happen*
caposala *foreman*
capotreno *guard*
capoufficio *head clerk*
cappotto *overcoat*
capriccio *caprice, fancy*
caprioleggiare *to caper about, tumble*
carciofo *artichoke*
carena *hull*
carico *loaded*
carico (n.) *load*
carrello *trolley*
carriera *career*
carrozzabile *suitable for motor vehicles*
cartella *brief-case*
cartellone (m.) *poster*
cartellonista (m.) *cartoon-writer*
cartiera *paper-mill*
cartoccio *paper-bag*
casalingo *domestic, home-made*
casco *hair-dryer*
caso (per) *by chance*
cassa *cash-desk*
cassetto *drawer*
cassiere (m.) *cashier*
castagno *chestnut tree*
castano *chestnut-coloured*
casuale *accidental, casual*

casualmente *casually, by chance*
casupola *hovel*
catena *chain*
cauzione (f.) *deposit, guarantee, bail*
cavare *to take off*
cavarsela *to get out of (trouble)*
cavolo *cabbage*
centinaio *hundred*
cervello *brain*
cessione (f.) *transfer, right*
chiaro di luna (m.) *moonlight*
chiave (f.) *key*
chiedere (p.p. chiesto) *to ask*
chilo *kilogram*
chimica *chemistry*
chimico *chemical*
cifra *amount, figure*
cilindrata *cubic capacity*
cima (in) *at the top*
circonvallazione (viale di) (f.) *ring-road*
civettuolo *coquettish*
clandestino *clandestine*
coda *queue*
cognata *sister-in-law*
cognato *brother-in-law*
cognome (m.) *surname*
coincidenza *connection*
colle (m. and f.) *hill*
collega (m.) *colleague*
collo *package, parcel, neck*
colpa *fault*
colpo (a . . . sicuro) *without fail*
colpo di ferro (dare un) *to iron*
colpo di fortuna *stroke of luck*
colpo di sole *sunburn*
colpo di telefono *telephone call*
commercio *trade, business*
commesso *shop-assistant*
commesso viaggiatore *commercial traveller*
commissionario *agent*
commissione (f.) *commission, errand*
commissioni (f. pl.) *shopping*
comodo *convenient*
compere (fare le) *to do the shopping*
competenza *competence, knowledge*
compire *to complete, accomplish*
compito *task, duty, homework*
compleanno *birthday*
complesso *cast, complex*
complesso (nel) *on the whole*
completo (al) *full up*
complimenti (fare) *to compliment*

complimenti (non fare) *not to stand on ceremony*
comportarsi *to behave*
comprare *to buy*
compreso *included*
comune (m.) *commune, borough*
comunque *however, anyhow*
concedere (p.p. concesso) *to grant*
concorrente (m.) *competitor*
concorso *competition*
condannare *to condemn*
condire *to season*
condurre (p.p. condotto) *to lead, drive, manage*
confezioni per uomo (f. pl.) *men's out-fitting*
confine (m.) *border*
confondersi (p.p. confuso) *to mingle*
confronto *comparison*
coniglio *rabbit*
conoscenza *knowledge*
consegnare *to deliver, hand over*
consigliare *to advise*
consiglio *advice*
consistere di *to consist of*
contadino *peasant, farmer*
contanti (in) (m. pl.) *in cash*
contingenza *allowance*
conto *bill*
conto corrente *current account*
conto (fare . . . di) *to have in mind to*
conto (per . . . mio) *for myself*
conto (per . . . proprio) *on one's own account*
conti (a . . . fatti) *all things considered*
conti (in fin dei) *after all*
contrabbandiere (m.) *smuggler*
contraddire *to contradict*
contrariare *to oppose*
contrariato *annoyed*
contravvenzione (f.) *fine, infraction*
controllo *control, inspection*
controvalore (m.) *exchange value*
convegno *meeting*
convenevoli (m. pl.) *small talk*
convenire *to suit, agree, admit*
convincere (p.p. convinto) *to convince*
coppa *cup*
corpo di ballo *corps de ballet*
correggere (p.p. corretto) *to correct*
correntemente *fluently, currently*
corridoio *corridor*
corsa (di) *running*

Costa Azzurra *Côte d'Azur*
costituire *to form, constitute*
costo (a qualunque) *at whatever cost*
costoso *expensive*
costringere (p.p. costretto) *to compel*
costui *that one, that fellow*
cozzare *to collide*
cozzo *collision*
cravatta *tie*
crescere *to grow*
crocevia (m.) *cross-roads*
crociera *cruise*
cronaca nera *crime column*
crumiro *blackleg*
cucire *to sew*
cullare *to rock*
cuore (di) (m.) *willingly*
cupo *dark, sombre*

danneggiare *to damage*
dappertutto *everywhere*
dato che *since*
dattilografia *typing*
davanti (sul) *in front*
delegato (n.) *deputy*
deludere (p.p. deluso) *to deceive, disappoint*
dentifricio *toothpaste*
deposito bagagli *left-luggage office*
deprimente *depressing*
destarsi *to wake*
dettaglio *detail*
dettare *to dictate*
detto fra noi *between ourselves*
diamine! *my goodness !*
dichiarare *to state, declare*
diecina *about ten*
difatti *in fact, as a matter of fact*
differenziale (m.) *differential*
dimenticare *to forget*
diminuzione (f.) *reduction*
dimostrare *to show, prove*
dipingere (p.p. dipinto) *to paint*
diplomarsi *to get a diploma, graduate*
direttore didattico *education officer*
direttrice (f.) *manageress*
dirigersi (p.p. diretto) *to make one's way*
diritto *law, right*
disco *gramophone record*
discutere (p.p. discusso) *to discuss*
disegnare *to draw*
disegno *design, drawing*
disgrazia *misfortune, bad luck*

103

disoccupato *unemployed, unoccupied*
disoccupazione (f.) *unemployment*
dispensa *larder, exemption*
disponible *available*
disposizione (a) *on request, at the disposal of*
distributore di benzina *petrol pump*
ditta *firm*
ditta di autotrasporti *road transport company*
ditta importatrice *firm of importers*
diverso *different*
divertente *amusing*
divertirsi *to enjoy oneself*
divieto *prohibition*
divieto di sosta *no parking*
divisa *uniform*
doccia *shower*
dogana *customs*
doganiere (m.) *customs officer*
dolciumi (m. pl.) *sweets*
domani l'altro *the day after tomorrow*
dono *gift, present*
drogheria *grocer's shop*
droghiere (m.) *grocer*
dubbio *doubt*
durare *to last*

eccessivo *excessive*
eccesso *excess*
eccezionale *exceptional*
eccitante *exciting*
edicola *newspaper kiosk*
effettivamente *really, in actual fact*
elaborare *to work out*
elettrotecnica *electronics*
elezioni amministrative *local elections*
emettere (p.p. emesso) *to issue, produce*
entro *before, within, in, inside*
erba *grass*
eredità *inheritance*
erigere (p.p. eretto) *to build, raise, set up*
esagerare *to exaggerate*
esame (dare un) *to sit an exam*
esame guida *driving test*
esame radiologico *X-ray examination*
esattezza *exactitude, accuracy*
esatto *exact*
esaurito *sold out*
escoriazione (f.) *abrasion*
esempio *example*
esibirsi *to show oneself, appear*
esigente *exacting*

esigenza *requirement*
esperienza *experience*
esposto al sole *exposed to the sun*
estendere (p.p. esteso) *to extend*
estero (all') *abroad*
esteso (per) *in full*
estinguere *to extinguish*
etto *hectogramme*
eventualmente *possibly*

fabbrica *factory*
faccenda *matter*
facchino *porter*
faccia *face*
Facoltà di Magistero *Faculty of Education*
fagiolini in erba *French beans*
fagotto *bundle*
falciatrice (f.) *mower*
falegname (m.) *carpenter*
fantasia *imagination*
farinoso *floury, powdery*
farmacia *chemist's shop*
fascia *band*
fasciare *to bind, bandage*
fastidio (dare) *to trouble, annoy*
faticoso *tiring*
fazzoletto *handkerchief*
femore (m.) *femur, thigh-bone*
ferie *holidays*
feritoia *battlement*
fermata *stop, halt*
ferragosto *Italian state holiday*
ferro da stiro *iron*
ferroviere (m.) *railwayman*
festeggiare *to celebrate*
fetta *slice*
fiala *phial*
fiamma *flame*
fiammante *flaming*
fiancheggiare *to border*
fianco (di) *on the side*
fiasco *flask*
fico secco *dried fig*
fidanzato *fiancé*
fidarsi di *to trust*
fiducia *faith*
fila *row*
filo *thread*
filobus (m.) *trolley-bus*
filosofo *philosopher*
finora *up to now*
fioco *hoarse*

104

fioraio *florist*
firma *signature*
firmare *to sign*
fisarmonica *mouth-organ*
fischiare *to whistle*
fisica *physics*
fissare *to fix*
fitto (n.) *rent*
fitto (adj.) *thick*
folla *crowd*
folletto *imp*
forare una gomma *to have a puncture*
formidabile *marvellous*
fornaio *baker*
fornello *stove*
fornire *to supply, furnish*
foulard (m.) *scarf*
frana *landslide*
frase fatta *tag*
frastuono *din*
frattempo (nel) *in the meantime*
frattura *fracture*
freccia *arrow*
freno *brake*
freno idraulico *hydraulic brake*
fretta e furia (in) *in a great hurry*
fritto misto *mixed fry*
frizione (f.) *friction, clutch*
fronte (di) *in front of, opposite*
frontiera *frontier*
frullato di pesche *peach-shake*
frullatore elettrico (m.) *electric mixer*
fruttivendolo *fruiterer, greengrocer*
fucile (m.) *gun*
fuggire *to flee*
fulmine (m.) *lightning*
fumata a pipa *a smoke (pipe)*
fungo *mushroom*
funzionario *executive officer*
fuori mano *out of the way*
fuori serie *special model*
furgoncino *small van*
furore (far) *to be highly successful*
furto *theft*

gabinetto *office*
gamba (in) *terrific, splendid*
gamma *range*
gara *competition, match*
garantire *to guarantee*
garanzia *guarantee*
gelataio *ice-cream vendor*
gelato *ice-cream*

gemello *twin*
genitori (m. pl.) *parents*
gettone (m.) *metal or plastic tally*
ghiaccio *ice*
ghiaia *gravel*
giacca *jacket*
giallo (n.) *thriller, detective story*
giardiniere *gardener*
giardino zoologico *zoo*
ginnastica *gymnastics*
giocare *to play*
giocare d'azzardo *to gamble*
gioiello *jewel*
giornale radio (m.) *radio newsreel*
giornata (in) *during the day*
giorni di ferie *holidays*
giovanotto *young man*
girare *to turn, stroll*
giro *turn*
gita *excursion, trip*
giudicare *to judge*
giudicare (a . . . da) *judging from*
giungere (p.p. giunto) *to arrive, reach*
giungla *jungle*
giunta (per) *in addition, what's more*
glandola pineale *pineal gland*
goccia *drop*
golfino *little pullover*
golfo *bay, gulf*
goliardico *student's*
gomito *elbow*
gonna *skirt*
governare *to govern, feed*
gradire *to like, appreciate*
grado *degree*
grado (essere in . . . di) *to be able to*
graduatoria *classification*
grappolo *bunch*
grato *grateful*
gregge (m.) *flock*
grido (di) *famous, renowned*
grinza *crease*
gruccia *crutch*
guadagnare *to earn*
guadagnarsi da vivere *to earn one's living*
guaire *to yelp*
guanto *glove*
guaribile *curable*
guasto (n.) *damage, fault*
guida *guide, driving*
guida telefonica *telephone directory*
guidare, *to guide, drive*
gusto *taste*

ieri (l'altro) *day before yesterday*
imbarcadero *landing-stage, pier*
impazzire *to go mad*
impegnarsi *to undertake*
impegno *engagement, booking*
impensato *unexpected, unthinkable*
impermeabile (m.) *raincoat*
impianto *installation*
impiegare *to employ*
impiegato *employee*
impiegato statale *civil servant*
imponente *imposing, majestic*
impostare *to post*
impresa *enterprise, undertaking*
impresa edile *building enterprise*
incantevole *delightful, charming*
incanto *spell*
incaricare *to entrust*
incaricarsi *to take upon oneself*
incidente (m.) *accident*
incontrare, -rsi *to meet, encounter*
indietro (all') *behind, backwards*
indifferente *immaterial*
indimenticabile *unforgettable*
indirizzo *address*
indiscrezione (f.) *indiscretion*
indosso (avere) *to have on, wear*
indurre (p.p. indotto) *to induce, persuade*
inesauribile *inexhaustible*
infastidito *annoyed, troubled*
infermiera *nurse*
ingegnere (m.) *engineer*
ingessare *to plaster*
ingombro *obstruction*
ingombro (essere d') *to be in the way*
ingrassante *fattening*
ingresso *entrance, hall*
iniezione (f.) *injection*
iniezione antitetanica *antitetanus injection*
ininterrotto *uninterrupted*
iniziare *to begin, initiate*
inizio *beginning*
innamorato *in love*
innestare una marcia *to engage a gear*
innovazione (f.) *innovation, alteration*
inquilino *tenant*
insegnante (m. and f.) *teacher*
inseguire *to pursue, chase, follow*
inserire *to insert*
inserzione (f.) *advertisement*
inserzionista (m.) *advertiser*
insistenza *insistence*

insomma *in short, on the whole*
insopportabile *unbearable*
intanto *meanwhile*
intendere (p.p. inteso) *to understand*
intendersi *to be an expert*
interamente *entirely*
intervista *interview*
intitolare *to entitle, name*
intonarsi *to tone with, match*
invalido di guerra *war-disabled person*
investire *to invest, collide with*
inviare *to send*
inviato *envoy*
inviato speciale *special correspondent*
invidiare *to envy*
invitare *to invite*
ipotesi (f.) *hypothesis, supposition*
irremovibile *irremovable*
irreverente *irreverent*
iscrivere (p.p. iscritto) *to enrol, enter*
ispettore (m.) *inspector*
ispezione (f.) *inspection*

lacca *nail varnish*
lama *blade*
lambicco *alembic, retort*
lamentarsi *to complain*
lampada *lamp*
lampada all'acetilene *acetylene lamp*
lasciare *to leave, give up, allow*
latrato *bark*
laurea *degree*
laurearsi *to graduate*
lavandino *wash-basin*
lavatrice per biancheria *washing-machine*
lavatura *wash*
lavorare, *to work, make, manufacture*
legare *to tie up, bind*
legge (f.) *law*
legname (m.) *timber*
leone (m.) *lion*
lepre in salmì (f.) *jugged hare*
lesso *boiled*
leticare *to quarrel*
leucemia *leukaemia*
lì per lì *for a moment*
libero professionista *self-employed professional man*
licenziamento *dismissal*
liceo *grammar school*
liscio *smooth, neat*
lista *list, strip*
lite (f.) *quarrel*

littorina *diesel train*
livellare *to level*
locale notturno *night-club*
loggione (m.) *gallery (theatre)*
lontananza (in) *in the distance*
lucidare *to polish*
luna di miele *honeymoon*
lunga (di gran) *by far*
lungomare (m.) *sea-front*
luogo (avere) *to take place*
lupo *wolf*
lupo (in bocca al) *good luck*
lussare *to dislocate*
lussazione (f.) *dislocation*
lusso (di) (adj.) *luxury*

macchina a nolo *hire car*
macchina fotografica *camera*
macchina per cucire *sewing machine*
macchinista (m.) *engine-driver*
macelleria *butcher's shop*
magazzino *department store*
maglione (m.) *pullover*
malanno *illness, disease*
malattia *illness*
malgrado *in spite of*
malora (in) *in ruins*
mancanza *lack*
mancanza (in . . . di) *for want of, failing*
mancare *to be lacking, to miss*
mancato (è . . . poco che) *it came very near to*
mancia *tip*
mandare *to send*
mandorlo *almond-tree*
mangiare al sacco *to picnic*
maniaco *maniac*
manica *sleeve*
mano (f.) *hand*
mano (una . . . d'aiuto) *a helping hand*
mantello *coat*
manutenzione (f.) *maintenance*
marciapiede *pavement*
marinare *to pickle*
marmo *marble*
marra *hoe*
maschera *mask*
massaia *housewife*
mastodontico *huge*
matassa *skein, hank*
materia *subject*
matricola *freshman*
matrigna *stepmother*

matto *mad*
mazzo *bunch, bundle, pack (cards)*
mazzuola *mallet*
medico *doctor*
mela *apple*
melagrana *pomegranate*
memoria *memory*
memoria (a) *by heart*
meno (fare a . . . di) *to do without*
mensola *shelf*
mente *mind*
mente (a . . . calma) *with a clear mind*
mercato *market*
mercato (a buon) *cheap*
meridione (m.) *south*
meritare *to deserve*
merletto *lace*
messa in piega *set*
mestiere (m.) *trade*
metà *half*
metro *metre*
metro (a) *by the metre*
mettere in ordine *to tidy*
mettere *to put, place*
mettere su *to set up, establish*
metterci una pietra su *to let bygones be bygones*
mezzo di fortuna *possible transport*
migliorare *to improve, get better*
militare (m.) *soldier*
minacciare *to threaten*
misura *measure*
misura (fatto su) *made-to-measure*
mobile (m.) *piece of furniture*
moda *fashion*
moda (alla) *in fashion, fashionable*
modifica *modification*
modo *manner, way*
modo (ad ogni) *in any case, anyhow, at any rate*
modo (in nessun) *in no way, by no means*
modulo *form*
momentaneamente *temporarily*
mortella *myrtle*
mostrare *to show, demonstrate*
moto *motion, exercise, movement*
motoscafo *motorboat*
mucca *cow*
mungere *to milk*
muoversi *to move*
muratore (m.) *bricklayer*
muricciuolo *low wall*
muro di cinta *surrounding wall*

nascere (p.p. nato) *to be born*
nascondere (p.p. nascosto) *to hide*
nebbia *fog, mist*
negozio *shop*
nemmeno *not even*
niente affatto *not at all*
nipotino *nephew, grandson*
noce (f.) *walnut*
noia *boredom, annoyance*
noleggiare *to hire*
nolo (a) *on hire*
nonni (m. pl.) *grandparents*
nossignori *no sirs, nossirree*
notizie (f. pl.) *news*
nozze (f. pl.) *wedding*
nube (f.) *cloud*
nuora *daughter-in-law*
nuraghi (m.) *prehistoric constructions*
nuotata *swim*
nutrire *to nourish*

obiezione (f.) *objection*
occhiali *glasses, spectacles*
occhiata *glance*
occorrere (p.p. occorso) *to need*
occuparsi *to be busy with, deal with*
Odissea *Odyssey*
odontoiatria *dentistry*
offesa *affront*
oggi (al giorno d') *nowadays*
oleandro *oleander*
oltre *more than, beyond*
ombra *shade*
ombrellone (m.) *beach-umbrella*
omicidio *murder, homicide*
onorificenza *honour*
operaio *worker, workman*
opuscolo *pamphlet, leaflet*
ora di punta *rush-hour*
orario (in) *on time*
ordinazione (f.) *order*
orgoglioso *proud*
orlo *edge, brink*
ormai *now, by now*
orologio *clock, watch*
orso *bear*
ortensia *hydrangea*
orto *vegetable garden*
ospedale *hospital*
ospitare *to entertain, have to stay*
ospite (m. and f.) *guest, host*
ossessione (f.) *obsession, nightmare*
osso *bone*

ostacolare *to oppose, prevent, obstruct*
osteria *inn*
ostilità *opposition, hostility*
ottenere *to obtain*
ottimismo *optimism*

pacchetto *packet*
pacco *parcel*
padrone (m.) *master, owner*
pagare *to pay*
paglia, pagliuzza *straw*
paio *pair*
palco di proscenio *stage-box*
palla a volo *volley-ball*
palombaro *diver*
pancia *stomach*
panfilo *yacht*
panino *bread-roll*
panino imbottito *sandwich*
panna montata *whipped cream*
paranza *fishing-boat*
parapettato *parapeted*
parcheggiare *to park*
parente (m. or f.) *relation*
parere (m.) *opinion*
parere *to seem*
parte (a) *extra*
partita *game, match*
pascolo *pasture*
passaggio *passage, ride, lift*
passaggio (di) *passing through*
passare da *to pass through*
passarsela *to get on*
passeggiare *to go for a walk, walk*
passeggiata *walk*
pasta *cake, dough*
pasto *meal*
pastore (m.) *shepherd*
patente di guida (f.) *driving licence*
pazzo *mad*
peccato *pity, shame*
pedale (m.) *pedal*
pedante (m.) *pedant, meticulous person*
pediatria *pediatrics*
pedone (m.) *pedestrian*
pennello *brush*
pensiero *thought*
pensione (f.) *boarding-house*
pera *pear*
perdita *loss*
perdita di tempo *waste of time*
perdonare *to forgive*
perito *expert, surveyor*

perizia *survey*
permesso *permission, leave*
personale (m.) *personnel*
pesante *heavy*
pesca *peach*
pescare *to fish*
pescatore (m.) *fisherman*
pettinare *to comb*
pettinatura *hair-style*
pezzo di ricambio *spare part*
piano *floor, storey*
pianta *plant*
piantare *to plant*
pianura (n.) *plain*
piatto (n.) *plate, dish*
piatto (adj.) *flat*
piazza *place, square*
piccante *sharp, spicy*
piè (a . . . di) *at the foot of*
piega *pleat*
pieni voti (m. pl.) *full marks*
pieno (fare il) *to fill up*
pigro *lazy*
pineta *pine-wood*
pinna *fin*
pinne (f. pl.) *flippers*
pioppo *poplar*
pista *race-track, ski-run*
pistola *pistol, revolver*
pittore (m.) *painter*
pittura *painting*
piú (per di) *moreover*
piú (per lo) *for the most part*
pizzo *lace*
poc'anzi *a little while before*
poco discosto *not far off*
podere (m.) *farm, estate*
polenta *maize porridge*
polizia *police*
poliziotto *policeman*
poltrona a sdraio *deck-chair*
polvere (f.) *dust*
ponte (m.) *bridge*
porporino *purple*
porro *leek*
portafoglio *wallet*
portafoglio estero *foreign department in bank*
portare dietro *to bring back, take back*
portiera *car door*
portiere (m.) *door-keeper, porter*
portineria *porter's lodge*
possesso *possession*

posta (a giro di) *by return of post*
postino *postman*
posto (a) *in order*
potente *powerful*
pratica *practice, document*
praticare *to practise, exercise, charge*
prato *meadow, lawn*
precedenza *priority*
pregiato *esteemed*
prelevamento *issue, withdrawal*
premura (aver) *to be in haste*
prenotare *to book, reserve*
preoccuparsi *to be anxious about*
preparativo *preparation*
presa elettrica *electric point*
presentarsi *to sit for (an exam)*
preside (m.) *principal, Dean (of a Faculty)*
pressa *bale*
presso *by, near*
prestito *loan*
prevedere (p.p. previsto) *to foresee, expect*
previdenza sociale *health service*
prigione (f.) *prison*
principio *beginning*
principio di causa *principle of cause and effect*
proibire *to forbid*
proiettile (m.) *projectile*
promuovere (p.p. promosso) *to promote, pass*
propenso *inclined*
proporre (p.p. proposto) *to propose*
proposito (a) *by the way, in this respect*
proposta *proposal*
proprietario terriero *land-owner*
prosaico *prosaic*
proseguire *to continue*
protrarre (p.p. protratto) *to prolong*
prova *test, fitting*
prova (in) *on trial*
provare *to try (on)*
provvedimento *provision, measure*
provvisoriamente *temporarily*
psicologia *psychology*
pulito *clean, neat*
pulizia *cleaning*
puntuale *punctual*
può darsi che *it may be that*
pure *also, too, yet, still*

quadro *picture*
qualsiasi *whatever*

quando in quando (di) *from time to time*
quanto (per) *as far as*
questura *police station*
quietanza *receipt*
quindi *therefore, hence*

raccogliere (p.p. raccolto) *to gather, pluck, collect*
raccolto *harvest*
raccomandare *to recommend*
raccomandata *registered letter*
raccontare *to relate, tell*
radiogrammofono *radiogram, pick-up*
raffinato *refined, subtle*
raggio *ray*
raggiungere (p.p. raggiunto) *to join*
ragione (dare) *to agree with*
ragionevole *reasonable*
ragioniere (m.) *accountant*
ragliare *to bray*
rallegramenti (m. pl.) *congratulations*
rampa di scale *flight of stairs*
rapido (n.) *express train*
rapina *robbery*
rapini *turnip tops*
rapporti commerciali (m. pl.) *business relations*
rappresentazione (f.) *performance*
rasoio elettrico *electric razor*
rassegnarsi *to resign oneself*
rata *instalment*
recapito *address, residence*
recarsi *to go*
recuperare *to recover*
redattore capo *assistant editor*
redazione (f.) *editorial office*
redditizio *fruitful, profitable*
refugio *refuge, hut*
regalare *to give as a present*
regalo *present*
reggersi *to last, survive*
registrare *to register*
relazione (f.) *report*
rendersi conto (p.p. reso) *to realise*
reparto *department*
resoconto *report*
respingere (p.p. respinto) *to reject*
respirare *to breathe*
ressa *crowd*
restare *remain*
resto (di) *change (money)*
restringere (p.p. ristretto) *to narrow, contract, take in*

retribuzione (f.) *pay, remuneration*
retro *back*
revisionare *to revise, check*
riattivare *to stimulate*
ribattere *to retort, reply*
ricavare *to draw, obtain*
ricetta *prescription*
ricevimento *reception, party*
ricevuta *receipt*
richiedere *to require, demand*
richiesta *request*
riconoscente *grateful*
ricordarsi *to remember*
ricoverato in ospedale *hospitalised*
ridurre (p.p. ridotto) *to reduce*
riempire *to fill, fill in*
rientrare *to return home*
rifare il letto *to make the bed*
riferire *to relate*
rifiutare *to refuse*
rifocillarsi lo stomaco *to have a snack*
rigore (a) *strictly speaking*
riguardo a *with regard to*
rimandare *to put off, defer, postpone*
rimanere (p.p. rimasto) *to stay, remain*
rimanere sempre della stessa idea *to continue to hold the same opinion*
rimediare *to remedy*
rimodernato *modernised*
rimpatriato *repatriated*
rincrescere *to be sorry, to regret*
rinfrescare *to cool, get cold*
ringraziare *to thank*
rinunciare *to give up*
riparare *to repair*
riparo *shelter, cover*
ripartire *to leave again*
ripassare *to return, call back*
ripetizione privata (f.) *private lesson*
ripiano *terrace, plateau*
riportare *to take back, bring back*
riposante *restful*
riposarsi *to rest*
ripostiglio *lumber-room, store-room*
riprendere (p.p. ripreso) *to take back*
riprendere servizio *to resume work*
risalire *to go up again*
risata *laugh*
riscaldamento a termosifone *central heating*
risciacquare *to rinse*
riscuotere *to receive, cash, collect money*
riserva (di) *spare, in reserve*

risparmiare *to spare, save*
rispettabile *respectable*
rispetto a *compared with*
ristabilirsi *to recover*
ristretto *narrow, concentrated*
ritaglio di tempo *spare time*
ritardare *to delay*
ritardatario *late-comer, defaulter*
ritardo *delay*
ritirare *to collect, retract, withdraw*
ritirarsi *to retire*
ritoccatura *retouching*
ritocco *touch, alteration*
ritrovo *meeting place*
riunione (f.) *meeting*
riuscire *to succeed, be able to*
rivista *review, periodical*
rivolgersi (p.p. rivolto) *to apply, turn to, address*
rizzare *to rise, stand on end*
rodaggio (in) *running in*
romanzo *novel*
rompere (p.p. rotto) *to break*
rossetto *lipstick*
rosticceria *brasserie*
rovina *ruins*
rubare *to steal*
rumoroso *noisy*
ruota di ricambio *spare wheel*
ruota di scorta *spare wheel*

sagra dell'uva *feast of the grapes*
sala d'aspetto *waiting-room*
salire *to ascend, get into*
salotto *drawing-room*
salsa *sauce*
salumiere (m.) *pork-butcher*
salutare (adj.) *healthy*
salvadanaro *money-box*
salvietta *table-napkin*
sapone (m.) *soap*
saporito *tasty*
sarta *dressmaker*
sbagliare, -arsi *to make a mistake*
sbandare *to skid*
sbiadire *to fade*
sbrigarsi *to hurry*
sbrigativo *expeditious, speedy*
scacchi (m. pl.) *chess*
scacco matto *check-mate*
scala *stairs, ladder, scale*
scala mobile *escalator*
scalo *landing, touch-down*

scalpello *chisel*
scampagnata *trip in the country*
scampare *to escape*
scapolo (adj.) *bachelor*
scappare *to escape*
scaricare *to unload*
scattare *to go off*
scatti (a) *jerkily*
scavo *excavation*
scelta *choice*
scendere (p.p. sceso) *to go down, descend*
scherzare *to joke*
scherzoso *playful*
schiavo *slave*
schienale *seat-back*
sci acquatico *water skiing*
sciarpa *scarf*
scimmia *monkey*
sciopero *strike*
scoglio *rock*
scommettere (p.p. scommesso) *to bet*
scomodare *to trouble, disturb*
scompartimento *compartment*
sconsigliare *to dissuade*
scontrino *check, ticket*
scopo (a che?) *to what end? what for?*
scopo di ricerche (a) *for research purposes*
scopone (m.) *Italian card game*
scoppiare *to burst, explode with*
scoprire (p.p. scoperto) *to discover*
scorciare *to shorten*
scozzese *Scottish*
scrittoio *writing-desk*
scrivania *writing-desk*
scuola professionale *technical college*
scuro *dark*
sdraiarsi *to lie down*
sebbene *although*
seccare *to annoy, dry*
sede centrale (f.) *head office*
sedia a sdraio *deck chair*
seduta inaugurale *opening session*
segare *to saw, mow*
seggiovia *chair-lift*
segnale (m.) *signal, sign*
segreto (n.) *secret*
seguire *to follow*
seguito (in . . . a) *in consequence of*
seminare *to sow*
sensibilità *sensitiveness*
sentiero di accesso *drive (of house)*
senz'altro *definitely, at once*

serra *greenhouse*
servizio *service*
sessione (f.) *session*
sfiducia *mistrust*
sfortunato *unlucky*
sfruttare *to take advantage of, exploit*
sfumatura *neck trim*
sia . . . che *both . . . and*
siccità *drought*
sicurezza *safety*
siepe (f.) *hedge*
significato *meaning*
simpatico *nice, pleasant*
sindaco *mayor*
sistemarsi *to settle, arrange*
sistemazione (f.) *settlement, arrangement*
slanciato *slim, slender*
smettere (p.p. smesso) *to stop*
smontare *to dismantle*
soddisfatto *satisfied*
soddisfazione (f.) *satisfaction*
soglia *threshold, doorstep*
sognare *to dream*
soldo *penny*
solito *usual*
solito (di) *usually*
sollevare *to lift, raise, relieve*
solo (da) *alone, by oneself*
sopraluogo *investigation on the spot*
sopravvenire *to occur, appear*
sorgere (m.) *rising*
sorpresa *surprise*
sosta *halt, stop*
sostanziale *substantial*
sostenere *to hold*
sott'olio *in oil*
sottoposto *susceptible, subject to*
sottosopra *upside-down*
spalla *shoulder*
spaventosamente *frightfully, frighteningly*
spazio *space*
spazzola *brush*
spazzolino da denti *toothbrush*
specchio *mirror*
spedire *to send*
spendere (p.p. speso) *to spend*
sperduto *lost*
spesa *shopping, expense, expenditure*
spia *spy*
spia (fare la) *to spy*
spiacente *sorry, displeasing*
spiaggia *shore, beach*

spola (far la) *to go to and fro*
sportello *till, counter*
sposa *bride*
sposalizio *wedding*
sposarsi *to get married*
sposi *husband and wife, married couple*
sposo *husband, bridegroom*
spremuta d'arancio *orange-squash*
spuntatina *trim*
spuntino *snack*
squadra *team*
squero *boat-building yard* (in Venice)
stabilimento *establishment*
stabilirsi *to establish oneself, settle*
stagione (f.) *season*
stagione (alta) *high season*
stalla *stable*
stamani *this morning*
stancarsi *to get tired*
stecconato *fence*
stella marina *starfish*
stendere (p.p. steso) *to extend, spread*
steno-dattilografa *shorthand-typist*
stenografia *shorthand*
stento (a) *with difficulty*
sterpo *weed*
stesso (lo) (adv.) *all the same*
stipendio *salary*
stirarsi *to stretch oneself*
stoffa scozzese *tartan*
stornello *ditty*
strada (fare) *to show the way*
straniero (n.) *foreigner*
strappare *to extort, tear*
stretto *tight*
stringere *to tighten, take in*
studio legale *lawyer's office*
stufa a carbone *coal stove*
stupendo *splendid*
stupire *to be amazed*
succedere (p.p. successo) *to happen, occur*
succo di pomodoro *tomato juice*
succursale (f.) *branch* (business)
suggestivo *attractive, evocative*
sugo *gravy, juice*
suino *pig*
suocera *mother-in-law*
suola *sole*
suonare *to ring, play musical instrument*
suonatore (m.) *player, musician*
suora *sister*
superare *to exceed*

supplicare *to beg, beseech*
supporre (p.p. supposto) *to suppose*
svantaggio *disadvantage*
svelto *quickly*
svendita *sale*
sviluppare *to develop*

tacchino *turkey*
tacco *heel*
tachimetro *speedometer*
tagliare *to cut, trim*
talvolta *sometimes*
tanto (di . . . in . . .) *from time to time*
tanto (ogni) *every now and then*
tappeto *carpet*
tasca *pocket*
tassì (m.) *taxi*
tastiera *keyboard*
tavola da stiro *ironing-board*
tavolozza *palette*
telefonata *telephone call*
televisore (m.) *television set*
tenda *curtain, tent*
tenere *to keep, hold*
tenere a *to be anxious to*
tenere compagnia *to keep company, accompany*
tenore di vita (m.) *standard of living*
tentare *to try, attempt*
teoria *theory*
tessuto *material, fabric*
testimone (m. and f.) *witness*
testo *text*
tettoia *shed*
tintinnio *tinkling*
tipo *type, chap*
tirare *to pull, throw*
tiratura *circulation*
toccare a *to be one's turn*
togliere (p.p. tolto) *to take off, take away*
tornare via *to return*
torre (f.) *tower*
totocalcio *football pools*
traccia *trace*
tracolla *shoulder-belt*
tracolla (a) *slung round the neck*
traduzione (f.) *translation*
trafelato *panting, breathless*
tramite *through*
trascorrere (p.p. trascorso) *to spend*
trascurare *to neglect*
trascurato *careless*
trasferirsi (p.p. trasferito) *to move*

trattare *to treat, to deal with*
trattarsi di *to be a question of*
trattenersi *to stay*
tratto (ad un) *all of a sudden*
tratto (per un) *for part of the way*
treccia *tress*
troppo (di) *superfluous, in the way*
trota *trout*
trovata (n.) *find*
trucco *trick*
tuffarsi *to dive*
turbare *to upset, disturb*
tutti quanti *all of us, them, you, etc.*
tutto considerato *all things considered*
tutto (del) *entirely, in the main*

ubriaco *drunk*
uccidere (p.p. ucciso) *to kill*
ufficio postale *post office*
ultimare le pratiche *to complete the documents*
umorismo *humour*
unirsi *to join*
utile (m.) *profit, benefit*
umoristico *humorous*
unghia *nail*
uscire *to go out*
utilitario *utilitarian*
uva *grapes*

vacanze (f. pl.) *holidays*
vagone (m.) *railway coach*
vagone letto *sleeping-car*
valanga *avalanche*
valigia *suitcase*
valorizzare *to develop*
valuta *currency*
vanga *spade*
vangare *to dig*
vantaggio *advantage*
vaporetto *steamer*
vasca *tub*
vasca per pesci *fish-pond*
vedere (non . . . l'ora di) *to be eager to, looking forward to*
vela *sail*
velluto a coste *ribbed velvet*
velocità *speed*
vendemmia *grape-harvest*
veneto *Venetian*
venturo *next*
verbale (m.) *minutes, report*
verdura *green vegetables*

versare *to pour*
vestaglia *dressing-gown*
vestito da *dressed as*
vetrina *shop window*
via (per . . . aerea) *by air*
viale (m.) *avenue*
viene (ci . . . incontro) *he (she) is coming
  to meet us*
vigile (m.) *traffic policeman*
vigile del fuoco *fireman*
villeggiatura *holiday*
vincere (p.p. vinto) *to conquer, win, be
  successful*
vincita (n.) *win*
vincitore, -trice *winner*

vincolato *tied to*
vista *view*
visto che *seeing that*
viziato *spoilt*
volante (m.) *steering-wheel*
volentieri *willingly*
volo a vela *gliding*
volta per volta *every time*
vuoto *empty*

zaino *haversack*
zelante *zealous*
zitto *quiet, still*
zoccolificio *clog factory*
zoccolo *clog, wooden shoe*

Published by the British Broadcasting Corporation
35 Marylebone High Street, London W.1
Printed in England by John Wright & Sons Ltd.
The Stonebridge Press, Bristol 4
No. 5078/2